Saggi

Massimo Ammaniti

CRESCERE CON I FIGLI

Le nuove regole dell'educazione

MONDADORI

Dello stesso autore
con Niccolò Ammaniti

nella Collezione Saggi
Nel nome del padre

ISBN 88-04-41042-6

I edizione settembre 1997

Indice

3 Introduzione

18 I Ogni persona è fatta a suo modo
Una mattina al bar, 18 – *Un test che mette alla prova i bambini*, 20 – *Dieci anni dopo, ormai adolescenti*, 23 – *Un uovo oggi o una gallina domani?*, 25 – *«Via col vento»*, 27 – *Si nasce differenti*, 33

37 II O mangi questa minestra o salti dalla finestra
Gli infanti dello Spedale degli Innocenti, 37 – *Regole e prescrizioni in famiglia*, 39 – *Come ti svezzo i bambini*, 41 – *Mamma non ti vuole più bene*, 45 – *Un ricordo infantile di Proust*, 49 – *Papà ha messo il muso*, 53 – *Quando nascerà la sorellina*, 56 – *E se tutto questo non bastava...*, 58

63 III La malattia delle regole
Rileggiamo Freud, 63 – *L'uomo d'ordine*, 68 – *Il bambino non è malvagio, è cattivo*, 70 – *L'educazione può prevenire la nevrosi?*, 75 – *Una famiglia della Vienna asburgica*, 77 – *Una ragazza isterica in cura dal dottor Freud*, 80

87 IV Balliamo insieme
Adesso tocca a te, 87 – *Come si diventa genitori*, 91 – *Madri regolatrici e madri facilitanti*, 94 – *Il piccolo ballerino*, 96 – *La comprensione affettiva*, 100

106 V Come i bambini imparano a regolarsi
Troviamo insieme le regole, 106 – *Le bambine sanno regolarsi meglio*, 110 – *I genitori alle prese col bambino piccolo*, 114 – *Rigidità o flessibilità?*, 123

126 VI L'attaccamento ai genitori
L'instaurarsi del legame, 126 – *Bambini sicuri e bambini evitanti*, 130 – *Il legame che rassicura*, 134 – *Se prevedo, mi sento più sicuro*, 138 – *I genitori di fronte al figlio che cammina*, 141 – *Raccontiamo insieme il mondo*, 145

148 VII Io ballo da sola

Che succede con l'adolescenza, 148 – *Il nuovo protagonista: il corpo*, 153 – *«West Side Story»*, 158 – *Mazze e panelle*, 163 – *Mettiamoci d'accordo*, 167

174 VIII Le malattie del sé

Bambini capricciosi e senza controllo, 174 – *Le malattie del sé*, 179 – *Se non mangio sono forte*, 185 – *Un paradosso: la droga che cura*, 190 – *Il difficile mestiere dei genitori*, 192

197 *Note*

Crescere con i figli

A Luisa e Niccolò

Introduzione

Siamo così immersi nella vita familiare di ogni giorno da non renderci conto di quanto sia cambiata negli anni recenti. Cerchiamo, per un attimo, di prendere in esame le famiglie negli ultimi venti o trent'anni e ci renderemo conto che i mutamenti sono stati così profondi da giustificare ampiamente chi continua a ripetere: «Ai miei tempi, le cose andavano in un altro modo!».

Naturalmente non si vuole dire che quanto succedeva in passato era meglio, ma sicuramente era molto diverso. Anche se la famiglia continua ad avere una deriva nascosta che la rende stabile e le permette di continuare la propria rotta, nonostante tempeste, bonacce e navigazioni difficili.

Ho usato una metafora marinara perché, anche nella navigazione, per riuscire a procedere è necessario lo sforzo congiunto di tutto l'equipaggio e allo stesso tempo serve un timoniere che si assuma la responsabilità di dare una rotta alla barca. Nel caso della famiglia, la rotta le indica in primo luogo di riprodursi, ossia di avere figli e allevarli, finché questi a loro volta si inseriranno nella vita sociale e costituiranno un nucleo nuovo.

Probabilmente questa metafora si adatta meglio al passato, quando esisteva un capofamiglia che rappresentava la guida riconosciuta. Com'era dunque la famiglia, quaranta o cinquant'anni fa?

Era innanzitutto più grande di quella attuale: i figli erano almeno due, ma anche tre, quattro o cinque. E questo creava al suo interno condizioni particolari. In primo luogo la madre dedicava molto del suo tempo a mettere al mondo i bambini, ad allevarli e a farli crescere, mentre inevitabilmente il padre era la persona che doveva occuparsi del lavoro e del sostentamento economico. Altra conseguenza importante, i figli vivevano molto più tra loro, in uno spazio particolare, diverso e lontano da quello dei genitori.

Fin dai primi giorni di vita del bambino i genitori gli creavano attorno una specie di guscio protettivo, che forse doveva prolungare la condizione tranquilla e rassicurante della pancia della madre durante la gravidanza. E anche per questo motivo, è probabile, la nascita biologica non coincideva con la nascita psicologica, perché più tardivamente il bambino si apriva agli stimoli del mondo esterno.

Chiuso nella sua culla, che lo avvolgeva e lo proteggeva dagli stimoli esterni, il lattante viveva in uno spazio piuttosto rarefatto. Veniva preso in braccio solo al momento dell'allattamento e subito dopo veniva rimesso nella culla, in una semioscurità destinata quasi a salvaguardarlo da stimoli troppo intensi che, fragile com'era, avrebbero potuto traumatizzarlo. Anche in seguito ci si assicurava che non venisse a contatto con oggetti sporchi o potenzialmente pericolosi, permettendogli di muoversi solo all'interno del box o protetto dal suo girello.

I suoi orari e le sue abitudini venivano scrupolosamente rispettati. Di regola i bambini nei primi anni andavano a dormire presto la sera, e non sempre era consentito che rimanessero svegli per salutare il padre che tornava dal lavoro. Il pomeriggio, dopo mangiato, era d'obbligo il sonnellino, anche se il bambino recalcitrava: doveva andare a dormire e basta.

A tavola valevano le stesse regole. A lui erano riservati dei cibi particolari, diversi da quei bei piatti così invitanti che vedeva sulla mensa dei genitori. E in molti casi fino ai quattro-cinque anni continuava a mangiare in cucina, prima che i genitori andassero a pranzo o a cena. Questa fase, potremmo dire, di attesa creava nei bambini il desiderio e la spinta a essere accettati e a entrare nel mondo degli adulti.

I bambini conducevano una propria vita, diversa da quella dei genitori. Non uscivano con loro di sera e solo raramente nei primi anni partecipavano ai loro viaggi. Era un'esistenza da bambini. E se obiettavano, era pronta la risposta: «Sei ancora un bambino, queste cose le potrai fare quando diventerai grande».

Anche in seguito, quando iniziava la scuola, le giornate avevano un ritmo uniforme. C'era l'ora dei compiti, il tempo per giocare, e c'erano lunghi periodi vuoti in cui i bambini si annoiavano. Il tempo trascorreva lentamente, senza grandi sussulti, con un senso di continuità e di stabilità che, se era spesso troppo costrittivo, era insieme molto rassicurante.

In quegli anni le regole familiari andavano rispettate e ben presto i bambini imparavano a farle proprie, pronti, a loro volta, a trasmetterle quando avrebbero avuto figli.

Che conseguenze avesse tutto questo lo vedremo nei primi capitoli, e affronteremo poi anche il grande tema delle malattie legate alle regole, che ha costituito il terreno in cui è nata la psicoanalisi. Ancora oggi molte persone rimpiangono quel clima familiare in cui era molto forte il rispetto per i genitori, che costituivano la guida indiscussa. Un mondo che ora ci sembra antico, perché la società era ancora fondamentalmente stabile, soprattutto nella vita civile, ancorata ai valori di un mondo contadino, in cui le accelerazioni dello sviluppo industriale non erano così travolgenti come nel mondo odierno.

Ma quando è cominciata a cambiare la situazione familiare?

Con la conclusione della seconda guerra mondiale compaiono molte nuove realtà: la fine del colonialismo, il voto alle donne, la caduta dei regimi autoritari, le speranze di costruire società più giuste e così via. Soprattutto negli Stati Uniti le cose cambiano rapidamente e i giovani cominciano a diventare i protagonisti di questo nuovo mondo. Non si limitano più a vivere e ad accettare esclusivamente i valori trasmessi dalla famiglia, ma si guardano sempre più intorno, rivolgendosi ai coetanei. E nascono i gruppi giovanili, che comprendono ragazzi e ragazze e che assumono un peso e un'influenza determinanti per il loro sviluppo. Film come *Gioventù bruciata* o *West Side Story* celebrano tale nuova realtà, in cui agli adulti tocca un ruolo marginale.

Oggi i gruppi giovanili sono diventati una realtà sociale importante, che vive accanto alla famiglia e crea propri valori e regole, particolarmente utili nella fase in cui gli adolescenti si distaccano da casa. Tutto questo non poteva non avere ripercussioni sul funzionamento della famiglia stessa, anche perché al medesimo tempo le donne sono entrate più direttamente nella vita sociale, assumendo spesso responsabilità lavorative.

Sul piano della vita sociale, soprattutto negli ultimi anni, si assiste a un progressivo abbandono della sostanziale omogeneità dei grandi valori della *civilisation* europea per la nuova bandiera che viene issata negli Stati Uniti, quella, secondo quanto scrive lo storico francese François Furet, del «multiculturalismo». In alternativa, esso propone infatti i molti valori diversi di un'aggregazione di differenti gruppi umani, rimasti fedeli alla propria cultura e alla propria lingua, pur vivendo all'ombra di istituzioni comuni e sotto la protezione delle stesse leggi.

E anche l'allevamento dei figli inevitabilmente cambia, perché il contesto scientifico e pedagogico si è mosso a sua volta verso altre direzioni. Le tesi di pediatri americani come Benjamin Spock sono diventate, perlomeno in America, la nuova Bibbia educativa dei genitori e allo stesso tempo la psicologia dell'infanzia ha descritto un bambino completamente diverso: non il lattante chiuso al mondo, raffigurato da Freud, e neppure il neonato *tabula rasa* da riempire con gli stimoli dell'ambiente, secondo le teorie dei comportamentisti, ma piuttosto un bambino dotato di capacità e di competenze precoci, che gli consentono di interagire e comunicare con i genitori fin dai primi mesi di vita.

Nello sviluppo umano la comunicazione prende sempre più il posto della soddisfazione delle pulsioni e nuove teorie ne esplorano gli orizzonti.

In Italia tutto questo arriva più tardivamente e solo con gli anni Sessanta, anche grazie alla violenta accelerazione sociale imposta dal movimento degli studenti. Le regole della famiglia cominciano a cambiare e uno dei temi più forti degli studenti è la lotta contro l'autoritarismo in casa e a scuola. Ed è un processo inarrestabile, anche perché nel frattempo in ogni abitazione è entrato il televisore, che porta informazioni ma insieme omologazione.

Oggi le famiglie, come ha rilevato una recente statistica dell'Istat, sono costituite in molti casi solo da una coppia che non avrà mai figli, o che se ne ha uno difficilmente ne vuole altri.[1] Esistono, poi, nuclei costituiti da un solo genitore che vive con i figli perché si è separato dal coniuge e deve allo stesso tempo fare da madre e da padre, anche quando l'altro genitore ha mantenuto i contatti.

Altro fenomeno nuovo è rappresentato da famiglie in cui figli del primo matrimonio convivono con quelli nati dal secondo, e il nuovo coniuge si trova spesso a dover compiere una scelta non sempre facile: se cioè limitarsi a fare il convivente oppure assumere più direttamente responsabilità educative. Può succedere anche che il bambino passi molti giorni, e persino le notti, a casa dei nonni e i genitori se ne occupino durante il fine settimana, quando sono liberi dagli impegni lavorativi.

Alla stabile e rigida famiglia borghese si è dunque sostituita oggi quella che rientra nella nostra definizione di multiculturale, in cui cioè esistono percorsi diversi, spesso dettati da differenti esigenze che vengono a sovrapporsi e che non trovano risposte adeguate all'interno della struttura tradizionale. La separazione tra sessualità, matrimonio e procreazione ha messo definitivamente in crisi l'istituzione di prima degli anni Sessanta. In un'indagine del 1983, riportata nel libro *Sociologia della famiglia*,[2] a proposito dei ruoli familiari il 46% degli intervistati si è dichiarato favorevole a ruoli paritari fra marito e moglie; il 30% a rapporti asimmetrici in cui la donna si occupi in primo luogo della famiglia, anche se allo stesso tempo ha un lavoro al di fuori; e infine il 23% a una situazione tradizionale di netta separazione di ruoli. E vi è da aggiungere che negli ultimi anni il quadro è ulteriormente cambiato.

Se in Italia abbiamo cominciato a intravvedere soluzioni familiari diverse e più fluide, negli Stati Uniti tale istituzione è andata incontro a sussulti e sconvolgimenti continui. Qui la tradizione si intreccia con le profonde novità suscitate dai vari movimenti che si sono succeduti negli ultimi decenni, dal femminismo alle istanze di liberazione sessuale.

Una divertente descrizione della nuova famiglia americana, o meglio newyorkese, si trova nel film recente di Woody Allen *Tutti dicono I love you*, in cui convivono i figli del primo matrimonio con quelli del secondo. E ogni tanto ricompare il primo marito, impersonato appunto da Woody Allen, che viene a raccontare i suoi drammi d'amore e a farsi consolare e consigliare dalla figlia, ma anche dalla ex moglie e dal suo nuovo partner. È il trionfo della famiglia postmoderna che, come la cultura in cui si sviluppa, assume «strade e soluzioni diverse, fluide e irrisolte»,[3] fa convivere in una sorta di commistione il vecchio e il nuovo.

È frequente soprattutto negli Stati Uniti, ma anche in Europa, che il capofamiglia sia la donna. Circa il 40% dei bambini americani vanno a dormire ogni sera in una casa dove non vive il padre.

E i padri, che fine hanno fatto?

Per ritrovarli, dal momento che la figura tradizionale fa parte solo dei ricordi e dell'immaginario collettivo che si è sedimentato nel corso del tempo, un libro americano affonda il bisturi nella famiglia di oggi e propone una sorta di campionario paterno che, probabilmente, ci può essere utile per orientarci anche nel mondo italiano.[4]

Cominciamo dal nuovo padre. Esso rappresenta la speranza, sebbene allo stesso tempo non dia sufficienti garanzie di occupare saldamente il suo posto nel futuro. È un uomo che sa prendersi cura dei figli e ha imparato a esprimere le proprie emozioni. È per la donna un compagno, a volte un collega e soprattutto un sostegno. Sa cambiare i pannolini dei figli, sa preparare le pappe, si sveglia di notte e si alza quando il bambino piange. Il rischio, però, è che questa figura diventi troppo androgina, un padre senza mascolinità.

Ma non tutti sono allarmati da questa ibridazione. Lo psicologo americano Michael Lamb, ad esempio, afferma che «molto poco dell'identità di genere del genitore sembra chiaramente importante. Ciò che influenza il bambino è piuttosto la sua caratteristica di genitore che quella di padre».[5]

Ben diverso è il padre che «si dà», ossia che se ne va, il *deadbeat dad* delle cronache americane. Il settimanale americano «Newsweek» gli ha dedicato una copertina, su cui appare un mandato di cattura con la scritta: «Padri che se ne vanno: ricercati perché non provvedono al sostentamento dei figli». Sì, sono quelli che abbandonano moglie e bambini senza più preoccuparsene e non fanno fronte alle loro necessità. Probabilmente questo fenomeno è anche favorito dal fatto che è in aumento il numero di donne non sposate.

C'è poi il padre visitatore, difficile da vedere. Si tratta di un padre-ombra, un uomo soppiantato che lotta per non diventare un ex padre. Ha lasciato la famiglia, e se qualche volta fa ritorno non si ferma mai troppo a lungo. Il suo posto di «uomo di casa» è stato preso da qualcun altro. Come visitatore è in parte padre e in parte un estraneo, che compare nei week-end e durante le vacanze. È a volte una figura patetica, costretto a telefonare al figlio che gli risponde frettolosamente perché se ne sta davanti al televisore a vedere un programma.

Ancora più evanescente è il padre sperma: una figura di genitore minimalista, il padre di «una botta e via»; quello che interviene solo attraverso l'atto sessuale, fecondando la donna, ma non lascia nessun segno né tracce. È tipicamente un non padre, anche perché a volte ignora di aver contribuito a mettere al mondo un figlio. Agli occhi di quest'ultimo è allo stesso tempo una figura anonima e un personaggio immaginario, che invade le sue fantasie e i suoi sogni. Vive anche nelle fantasie maschili adulte, perché rappresenta l'immagine del sesso senza nessun obbligo, e in quelle femminili di poter giocare da sola come una bambina con le proprie bambole, senza che nessun maschio possa disturbarla.

Poiché, come abbiamo visto, c'è un numero crescente di padri biologici che non si occupano stabilmente dei propri figli e che non vivono con la madre di questi, il loro posto a volte è occupato da altri uomini, che in qualche modo ne assumono le responsabilità, diventando dei padri adottivi. Si tratta spesso del nuovo marito, oppure del convivente della madre. A volte chi svolge questa funzione sostitutiva è soltanto un uomo che si trova vicino alla famiglia, un amico o un parente. Pur essendoci evidenti differenze fra questi sostituti paterni, la loro presenza nasce sempre dall'assenza del vero padre, e i loro rapporti con i «figli» sono ambigui e complessi. Il bambino non sa, ad esempio, se chiamarlo papà, perché potrebbe essere un tradimento verso il vero padre, oppure chiamarlo per nome, come un amico.

Ma questi bambini che crescono senza i due genitori vanno incontro a difficoltà?

Probabilmente l'effetto liberatorio che ha avuto la conquista del sacrosanto diritto di divorziare ha portato molte persone a credere «nella rassicurante illusione che il divorzio fosse una crisi limitata, che i bambini fossero abbastanza forti, che in uno o due anni ognuno in famiglia si sarebbe riorganizzato e che addirittura ci sarebbe stato un miglioramento per tutti». Così scrive Judith Wallerstein, famosa ricercatrice americana, nel libro che raccoglie le sue decennali ricerche sugli effetti del divorzio su mogli, mariti e figli.[6] La studiosa è piuttosto pessimista sull'argomento. Mentre per circa la metà degli uomini e delle donne presi in esame il divorzio era ormai acqua passata, per l'altra metà il fallimento del matrimonio era ancora vivo, con inevitabili sentimenti di dolore e di rimpianto. C'erano chiaramente dei vincitori e dei vinti.

Ma soprattutto per i bambini studiati dalla Wallerstein il divorzio è un problema preoccupante. Per nessuno di loro è una faccenda chiusa, anche dopo molti anni. Il divorzio dei genitori ripropone continuamente l'interrogativo: io ripeterò il fallimento o farò meglio? Una volta divenuti adulti, questi bambini tendono a non sposarsi o comunque a ridurre le proprie aspettative, per non andare incontro a possibili delusioni.

Uno dei limiti dell'indagine della Wallerstein, però, è quello di non avere un gruppo di confronto composto di bambini e di adulti che vivono in famiglie stabili, in cui possono verificarsi altrettante delusioni e stress.

Va anche aggiunto che spesso ciò che provoca stress e sofferenze psicologiche non è tanto il divorzio in sé, quanto le situazioni che a volte fanno seguito al divorzio, ossia litigi, ripicche, ricatti e violenze che vengono ad avvelenare la vita quotidiana.

Nel quadro delle famiglie di oggi succede con sempre maggiore frequenza che si creino situazioni piuttosto singolari, a cui probabilmente non siamo ancora abituati. Si tratta delle famiglie gay e lesbiche, nelle quali i due partner sono dello stesso sesso, e che rappresentano negli Stati Uniti addirittura il 5% dei nuclei familiari.[7] Non si intende parlare, infatti, di semplici coppie, ma di vere e proprie famiglie che si occupano dell'allevamento e dell'educazione di un bambino.

È un argomento, questo, che suscita reazioni viscerali: si pensi alle posizioni del Vaticano oppure della Conferenza dei rabbini americani. Tuttavia, al di là delle opinioni o dei giudizi che si possono dare su tali situazioni, conviene anche in questo caso studiare le implicazioni che possono avere per lo sviluppo dei bambini; purtroppo, le ricerche fatte in questo campo sono ancora troppo recenti per poter fornire risultati definitivi.

Una rassegna, eseguita nel 1993, delle ricerche su bambini allevati da coppie gay e lesbiche «non ha mostrato che queste persone siano meno capaci come genitori rispetto ai genitori eterosessuali».[8] Riguardo ai figli di padre gay o di madre lesbica uno studio rigoroso, che ha esaminato tutte le ricerche in questo campo, ha sfatato molte convinzioni nel campo dell'allevamento dei bambini:[9] non sono, infatti, risultati sostanzialmente diversi da quelli allevati da madri eterosessuali. E questo vale non solo per lo sviluppo psicologico e relazionale, ma anche per l'identità e i comportamenti sessuali, che sono gli aspetti più critici.

Una più recente ricerca inglese ha studiato per sedici anni 25 bambini allevati da madri lesbiche e 21 da sole madri eterosessuali.[10] Anche in questo caso si è visto che il primo gruppo aveva relazioni migliori con la partner della madre di quelle che il secondo gruppo aveva con il compagno della madre.

Si tratta indubbiamente di dati che rimettono in discussione molte certezze e su cui per tutti varrebbe la pena di riflettere, anche per coloro che sembrano avere pregiudizi radicati.

Ma cerchiamo ora di vedere quello che succede oggi in una famiglia quando nasce un bambino.

Fin dalla sua comparsa il neonato entra immediatamente nel mondo e viene immerso nella corrente familiare: entrambi i genitori si occupano di lui, lo guardano, lo stimolano, lo alimentano e lo prendono in braccio, influenzati come sono da una cultura psicologica che è penetrata in quasi tutte le classi sociali. Non più il guscio protettivo che era in passato, l'ambiente che lo circonda è pieno di stimoli: musica, televisore quasi sempre acceso che accompagna la vita quotidiana, luce che penetra abbondantemente nella sua stanza.

È interessante che una copertina del settimanale americano «Time» del 1997 sia stata dedicata a «Come si sviluppa il cervello del bambino», segno evidente di quanto la società di quel paese abbia compreso le grandi potenzialità della mente infantile, che devono essere adeguatamente stimolate e indirizzate. Il cervello del bambino non funziona come un computer che si mette in moto solo quando i pezzi vengono montati insieme e viene finalmente acceso: comincia invece a funzionare già prima della nascita e, nel momento in cui il neonato viene al mondo, possiede cento miliardi di neuroni, ossia di cellule cerebrali. Inizia così un'intensa attività che lega insieme in una rete indistricabile i miliardi di neuroni, i quali febbrilmente costruiscono circuiti adatti alla percezione delle immagini, al linguaggio, alle emozioni e così via.

La ricchezza degli stimoli provenienti dall'ambiente è decisiva per lo sviluppo cerebrale del bambino e fornisce importanti indicazioni ai genitori e ai servizi che si occupano dei più piccoli. Se i genitori non si rendono conto o non hanno il tempo necessario per occuparsi dell'educazione dei figli, c'è il rischio che vadano perse queste grandi potenzialità di sviluppo.

Nel corso del primo anno il cervello, che ha una plasticità enorme, va incontro a una crescita travolgente. Ciò che favorisce il proliferare delle connessioni cerebrali è l'esperienza che si ripete. Ogni volta che il bambino riesce ad afferrare un oggetto o guarda con intensità il viso di una persona o ascolta una ninnananna si attivano a livello cerebrale delle scariche elettriche che si muovono nei circuiti neuronali. Intorno ai due mesi i centri di controllo motorio del cervello si sono sviluppati tanto da consentire al bambino di avvicinare le mani a un oggetto e cercare di afferrarlo. A quattro mesi la corteccia cerebrale costruisce nuove connessioni che servono per la percezione profonda e la visione con i due occhi. Quando viene raggiunto il primo anno avviene un fatto addirittura straordinario: il cervello è in grado di creare le condizioni perché il bambino riesca finalmente a dire la prima parola.

Le finestre delle opportunità, secondo il modo di dire americano, rimangono aperte per qualche anno. Una serie di finestre si aprono per l'acquisizione del linguaggio. A 5-6 anni si cominciano a chiudere quelle destinate ad acquisire la sintassi della lingua, mentre il lessico potrà essere ampliato per tutta la vita. Per quanto riguarda la capacità di imparare una seconda lingua, questa è massima fra la nascita e l'età di 6 anni e in seguito si riduce sempre di più, come sanno gli adulti che affrontano compiti del genere. Intorno ai 10 anni il grande sviluppo cerebrale, caratteristico dei primi anni, tende a esaurirsi. Con la fine dell'adolescenza si è ridotta la plasticità del cervello, ma è aumentata la sua potenza.

È evidente che occorre sapere quando si aprono o si chiudono le finestre delle opportunità nei bambini. I genitori e anche gli insegnanti possono così indirizzare i propri sforzi e cogliere i momenti più produttivi nei bambini. E pensare che tuttora le lingue straniere a scuola vengono studiate solo nelle medie, quando ormai le finestre si sono chiuse ossia, secondo il vecchio detto, i buoi sono ampiamente scappati dalla stalla!

Se la famiglia può essere carente oppure inadeguata per assolvere i compiti educativi, che nei primissimi anni di vita non si limitano alla cura fisica del bambino, si possono impostare programmi educativi, per esempio creare spazi di gioco dove i genitori e i figli possono incontrarsi e apprendere vicendevolmente, sotto lo sguardo attento di un'educatrice, oppure attrezzare a questo scopo gli asili-nido.

Ma ritorniamo al funzionamento delle famiglie oggi:

benché continuino a valere alcune regole, soprattutto per gli orari dell'allattamento, i ritmi di vita del bambino nascono da una vera e propria contrattazione quotidiana. In alcuni momenti si ha l'impressione che i genitori e i figli debbano trovare insieme un ritmo comune, che debbano ballare adattandosi alla musica che meglio si confà alle loro caratteristiche.

Non ci sono più le rigide regole del passato, ma ogni giorno ci si deve regolare nel rapporto con l'altro, trovando la distanza giusta e il calore emotivo necessario. Potremmo dire che è il trionfo della negoziazione continua. Si trova un accordo col lattante cercando di capire ciò che vuole comunicarci, si deve discutere col bambino di 2-3 anni per convincerlo a fare la pipì nel vasino, occorre pregarlo e insistere che vada a dormire perché si è fatta quasi mezzanotte.

La famiglia è diventata esperta in continue trattative, simili a quelle sindacali. Il suo panorama è cambiato profondamente, come vedremo anche nei capitoli successivi. Bambini che seguono i genitori dovunque: legati a un marsupio vanno con loro in bicicletta, li accompagnano nelle uscite serali partecipando attivamente a tutto quello che succede, si addormentano sui divani delle sale d'attesa degli aeroporti, si alzano presto al mattino per essere portati al nido, da cui vengono ripresi nel pomeriggio anche dai genitori di altri bambini, che svolgono a turno questa incombenza. Quando sono più grandi iniziano una vita serrata da manager: la mattina a scuola, pranzo di corsa perché alle 3 c'è la lezione di inglese, poi alle 5 il nuoto e così via. A sera genitori e figli sono esausti e davanti al televisore mangiano fast-food: hamburger, patatine e così via. Sicuramente non c'è più tempo per la noia.

Ma tutto questo sarà positivo? Se certe rigidità e certe educazioni autoritarie del passato erano fonte di sofferenza anche grave, forse oggi si corre il rischio opposto, quello di non stabilire sufficienti regole di cui i bambini, ma anche i genitori, hanno bisogno. Proprio recentemente mi è successo di incontrare un bambino americano che a 4 anni continuava a farsi addosso la pipì. Alla mia domanda la madre ha risposto che, in accordo col suo pediatra, aspettava che il figlio decidesse spontaneamente di mettersi sul vasino!

È vero che i bambini nei primi anni dimostrano capacità insospettate. Immagazzinano informazioni su informazioni, maneggiano giochi elettronici, apprendono precocemente il linguaggio, parlano da pari con gli adulti senza nessuna inibizione. La loro capacità sociale è grande, abituati come sono ad avere amici in casa, o a essere accompagnati dai genitori di altri bambini a giocare dagli amichetti, dove a volte si fermano anche a dormire. E poi kindergarten estivi, campeggi, corsi di nuoto e di musica: i bambini apprendono a vivere secondo un ritmo frenetico che rispecchia il mondo degli adulti.

È inevitabile che anche la famiglia si adatti a questa nuova situazione. I bambini, tuttavia, sono troppo poco protetti dall'autorità dei genitori. In particolare i padri, avendo rinunciato al loro ruolo tradizionale, non sanno ancora trovare la strada nuova da percorrere e spesso la loro funzione si sovrappone a quella delle madri. E la mancanza di un'autorità paterna che stabilisca le norme si risente soprattutto durante l'adolescenza dei figli, che a questo punto rischiano di ballare da soli, privi della necessaria cornice familiare.

Si tratta di interrogativi di cui parleremo nel corso di questo libro, che è rivolto in primo luogo a genitori e insegnanti. Sicuramente quanti oggi si occupano di allevamento e educazione dei bambini e dei ragazzi hanno bisogno di essere aiutati a capire. Gli stessi adulti si pongono molti più interrogativi che in passato e sono in grado di osservare e capire meglio i più giovani, non limitandosi più a chiedere loro rispetto delle regole, diligenza e disciplina.

Le ricette che valevano per il passato non hanno più la stessa efficacia oggi. Non basta più dire che i bambini dopo il primo anno devono essere messi sul vasino, perché imparino a fare la pipì. Bisogna aiutare i genitori a capire come parlare coi figli, come contrattare se il bambino si ostina a non collaborare, come convincerlo a fare la sua parte, come intervenire quando il bambino si oppone, eventualmente facendo anche la voce grossa.

I

Ogni persona è fatta a suo modo

Una mattina al bar

Basta guardarsi intorno per scoprire quanto ogni persona è differente da un'altra.

Entra in un bar al mattino, vedrai che c'è una marea di gente che si accalca al bancone per ordinare il caffè prima di andare in ufficio o al lavoro. Un uomo sulla cinquantina, con una giacca sportiva di velluto, si rivolge al barista con aria familiare: «Giorgio, il solito caffè come lo sai fare tu!».

Accanto a lui c'è un uomo vestito di grigio, con una cravatta dai colori spenti. Con aria sbrigativa si limita a chiedere un caffè. Beve in modo rapido, senza assaporarne il gusto e se ne va, come preso dai suoi pensieri.

Un giovane con gli occhiali da sole si attarda alla cassa parlando con la cassiera. Poi si avvia al bancone, salutando intorno come se il bar fosse casa sua. Con aria da intenditore guarda fisso negli occhi il barista e, ad alta voce, ordina con decisione: «Caffè». Dopo una pausa intensa, quasi studiata, conclude trionfante: «Naturalmente in bicchiere!».

Una prosperosa signora in rosso con gli occhiali spessi come fondi di bicchiere insiste con voce lagnosa: «Mi ci aggiunga un po' di panna!». Il barista continua indaffarato a trafficare intorno alla macchina senza prestarle attenzione e la signora in rosso non demorde: «Mi ha sentito? Ci metta un po' di panna nel mio caffè!».

E se rimani ancora qualche tempo scoprirai che in questo porto di mare approdano le persone più diverse. Tutte unite dal desiderio di mandare giù qualcosa di caldo. Con gli occhi gonfi e un po' arrossati si affaccia stremata una guardia notturna, il colletto della camicia semiaperto e la cravatta che pende ormai senza forma. Appoggiato al bancone col peso di tutta una notte passata a girare fra un condominio e l'altro, l'uomo chiede un caffè corretto con la grappa. Lo beve come stesse mandando giù una pillola per dormire, ha davanti tutto il giorno per recuperare il sonno perso.

Ma i rituali sono anche più complessi. Un giovane spilungone col viso pieno di foruncoletti chiede un caffè e un bicchiere d'acqua, che dispone uno accanto all'altro come se fossero alambicchi. Con la precisione e la perizia di un vecchio cerusico allunga il caffè con l'acqua, fino a riempire la tazzina. Beve a piccoli sorsi, aggiungendo ogni volta con esattezza l'acqua fino al bordo. Poi con aria placata riprende il suo cammino nella città, al di fuori del suo piccolo porto di sosta.

Ogni persona si costruisce i suoi minuti rituali quotidiani, al bar oppure quando si deve addormentare o quando si risveglia al mattino. Comportamenti che si ripetono e vengono a scandire i vari momenti della giornata, ricordandoci che, seppure la vita cambia in continuazione, siamo avvolti da un reticolo di abitudini a cui non ci possiamo sottrarre. E che ci danno il senso costante della nostra identità, fatta fondamentalmente di piccole consuetudini, gesti che si ripetono, gusti e fastidi che contribuiscono a costruire lo scenario quotidiano della nostra esistenza.

Ma se guardiamo al microscopio i comportamenti umani diventa inevitabile una domanda, che nel trantran quotidiano non ci poniamo mai: da dove nascono queste grandi o piccole differenze fra le persone?

Un test che mette alla prova i bambini

Una sfida ancora aperta per i biologi e per gli psicologi riguarda le origini delle differenze individuali. Come i biologi hanno esplorato le specificità dei meccanismi delle cellule e dei tessuti del corpo umano, così i neuroscienziati hanno cercato di scoprire le basi del sé a livello delle reti e delle sinapsi cerebrali, che mostrano, già a questo livello, grandi differenze fra le varie persone.[1]

Anche in campo psicologico sono state proposte varie osservazioni e test per riconoscere le diverse strategie e i comportamenti individuali. Alcuni addirittura fin dai primi giorni di vita.

Un gruppo di ricercatori statunitensi ha proposto un test molto ingegnoso, che fornisce utili informazioni sulle risposte dei bambini in situazioni di conflitto fra impulso e controllo. Si tratta del test dei *marshmallows*,[2] che prende il nome da quei dolcetti gommosi che piacciono enormemente ai piccoli americani. Lo psicologo si rivolge a un bambino di circa 4 anni mostrandogli il dolcetto, che mette su un tavolo, e gli dice: «Se tu mi aspetti, mentre vado un momento di là, quando torno puoi avere due dolcetti. Se invece non vuoi aspettare, puoi prendere questo anche subito».

Tale comunicazione, in apparenza banale, crea immediatamente nel bambino un conflitto difficile da risolvere. Infatti, com'è comprensibile, i bambini di 4 anni sono combattuti fra il desiderio di mangiare il dolcetto subito e la possibilità di ottenere un risultato migliore se riusciranno a non mangiarlo. Di fatto il test valuta la capacità dei bambini di rimandare la soddisfazione. E qui, già a questa età, si mettono in luce notevoli differenze.

John, una faccetta da impunito coperta di lentiggini, non si sa trattenere e mangia immediatamente il dolcetto con aria soddisfatta. Non si pone neppure il problema di aspettare per averne due: lo vuole e basta.

Gli altri coetanei che non mangiano subito il dolcetto a

loro offerto usano strategie diverse per tenere sotto controllo i propri impulsi.

Dan, con la sua grande T-shirt che gli arriva alle ginocchia, ascolta il ricercatore che gli spiega il test. Rimasto solo nella stanza, davanti al *marshmallow*, continua a ripetersi ad alta voce: «Tanto io aspetto, così quando torna me ne dà due». Dai suoi occhi svegli traspare il desiderio di mangiarsi il dolcetto, ma anche la determinazione a non farsene travolgere. Si aggira per la stanza continuando a parlare ad alta voce, quasi cercasse di convincersi.

Ma esistono anche altre strategie. Jerry, con i capelli a spazzola e il naso schiacciato, rimane in silenzio dopo che il ricercatore l'ha lasciato col suo dilemma. Addirittura evita di guardare il tavolo dove c'è il dolcetto, si volta con ostinazione dall'altra parte e fissa con ostentata indifferenza le figure di un libro che si trova nella libreria.

A proposito delle diverse strategie, non ci sono differenze fra il comportamento di maschi e femmine. Joy, ad esempio, rimasta sola si accoccola in un angolo, si ciuccia un dito e comincia a dondolarsi fino a che si addormenta. Quando ritorna il ricercatore, Joy prontamente si risveglia, desiderosa di mangiare i dolcetti che si è conquistata.

Questo test abbastanza semplice vuole studiare come ogni bambino si comporti di fronte a una situazione stressante o perlomeno quando debba risolvere un dilemma complesso per la sua età. Si tratta, come abbiamo visto, di modi differenti di regolare il proprio comportamento, sia che si decida di mangiare subito il dolcetto, sia che si adottino altri sistemi per fronteggiare e rimandare il desiderio.

Per alcuni bambini è addirittura impossibile fronteggiare l'impulso. Altri, al contrario, hanno elaborato vere e proprie strategie di autoregolazione che vengono messe in atto ogniqualvolta si trovino in situazioni difficili da affrontare.

Senza dubbio parlare a se stessi e trovare degli argomenti convincenti è un modo particolarmente efficace di affrontare i problemi. Con le parole, infatti, si riesce a dar voce al proprio conflitto, se ne comprende meglio il significato mediante la riflessione personale e, in ultima analisi, si riesce a dominarlo meglio.

Altre volte l'unico modo per fronteggiare le cose difficili è quello di prenderne le distanze. Jerry, infatti, dopo che il ricercatore se n'è andato ha ignorato il dolcetto sul tavolo. Non lo vede, nonostante il ricercatore l'abbia lasciato in bella vista, quasi a volerlo tentare. Il meccanismo è banale: se non lo vedo, non esiste. Nella vita quotidiana molte persone ricorrono a questo meccanismo, difficile da comprendere da parte degli altri. Può succedere che i genitori non si accorgano che il figlio sfumacchia per casa la marihuana, nonostante lo faccia davanti a loro, oppure che il marito non si renda conto che la moglie lo tradisce col vicino di casa, come è noto a tutto il condominio.

La psicoanalisi ha parlato di negazione,[3] ossia di un meccanismo psicologico che interferisce con la percezione di sé e degli altri. Ma va chiarito che spesso non si vedono le cose, non tanto perché non si vogliono intenzionalmente guardare, quanto perché non si percepiscono, nonostante stiano lì, davanti agli occhi. Quante volte in una discussione familiare siamo stati accusati o abbiamo accusato qualcuno di mettere la testa sotto la sabbia, come lo struzzo, per non vedere. E naturalmente questo non vale solo, come succede a Jerry, per le cose che si desiderano, ma anche per minacce o pericoli che, quando intervengono nella vita quotidiana, possono mettere in crisi l'equilibrio personale.

Non vedere o perlomeno non mettere a fuoco situazioni problematiche o pericolose può essere talvolta utile, perché serve a cancellare o ad allontanare il possibile turbamento e a limitarne l'impatto emotivo. Ma se in qualche caso è un meccanismo protettivo, tenere troppo insistentemente la testa sotto la sabbia può diventare un pericolo. Allontanare i pericoli non vedendoli, a lungo andare espone a minacce o aggressioni, perché si perde la possibilità di anticiparle e di fronteggiarle.

Una strategia ancora più estrema di autoregolazione è quella di Joy, che pian piano si accoccola e si addormenta. Joy non vede più nulla, chiude gli occhi e il mondo scompare completamente. Come era già successo a condottieri o a generali prima di una battaglia o di una grande impresa, la bambina prova una tensione così forte da diventare insopportabile e si abbandona al sonno, che viene come un balsamo a portarle un po' di tranquillità.

Che queste strategie regolative abbiano un peso molto importante nella vita di ciascuno di noi è evidente. E mentre alcune sono più efficaci, proprio perché ci aiutano ad adattarci meglio alla vita quotidiana, facendoci superare tante difficoltà, altre possono essere addirittura di ostacolo.

Quando si dice che ognuno è fatto a suo modo, ci si riferisce a come ogni persona si adatta alla realtà e trova meccanismi e strategie regolative, fondamentali per il controllo e l'integrazione di sé. Soprattutto in situazioni difficili e stressanti, che possono mettere alla prova l'equilibrio personale.

Dieci anni dopo, ormai adolescenti

Una volta che siano state provate e riprovate le strategie personali con cui affrontare i percorsi e le difficoltà della vita quotidiana, questi comportamenti diventano sempre più stabili e addirittura quasi automatici, per cui vengono riproposti ogni volta che ci si trovi in difficoltà.

Nel caso del test dei *marshmallows* gli psicologi si sono chiesti se le strategie di John, Dan, Jerry e Joy e degli altri bambini osservati a 4 anni siano cambiate nel tempo e se abbiano influenzato il loro sviluppo successivo, per esempio durante l'adolescenza. E le differenze che hanno riscontrato continuano a essere strabilianti.

Dan, Jerry e Joy, ossia i bambini che avevano tenuto duro e non avevano mollato durante il test a 4-5 anni, sono diventati degli adolescenti più capaci degli altri nei rapporti sociali e soprattutto più resistenti alle frustrazioni della vita. Di fronte agli ostacoli e alle difficoltà sono in grado di accogliere la sfida e di affrontarla con i propri mezzi, mostrando un buon grado di fiducia in se stessi, convinti di potercela fare.

Ragazzi veramente equilibrati, che farebbero la felicità di molti genitori. Sicuramente hanno imparato a padroneggiare compiti difficili, contrastanti e contraddittori, e soprattutto hanno l'intima convinzione di poter trovare una soluzione anche nelle situazioni più complicate. Sul piano psicologico hanno raggiunto un forte senso di sé,[4] che li aiuta a passare attraverso i flutti della vita mantenendo una continuità personale e una propria direzione, quantunque possano essere sballottati e frastornati dalle onde contrarie che si abbattono su di loro.

Diverso è il destino di John e dei bambini che non erano stati in grado di trattenersi e avevano mangiato il dolcetto a loro offerto senza aspettare. Diventati adolescenti, hanno mostrato tutti notevoli difficoltà. Sono ragazzi che tendono a rifuggire dai rapporti con gli altri e allo stesso tempo non sanno prendere decisioni, anche se poi si impuntano con testardaggine su cose spesso irrilevanti. Facilmente si sentono feriti dalle contrarietà e non sono mai davvero a proprio agio. Nelle occasioni difficili diventano sospettosi e risentiti, si lamentano di non aver mai ricevuto abbastanza nella vita e reagiscono in modo impulsivo, con scatti di rabbia. E anche col passare degli anni continuano a non saper affrontare le frustrazioni. Ne sono vittima e non sono in grado di orientarsi e di capire che cosa stia succedendo, spesso sopraffatti dalla gelosia e dall'invidia verso gli altri, che ai loro occhi sarebbero più privilegiati o fortunati di loro.

Dall'osservazione di questi stessi ragazzi alla fine delle scuole superiori risulta che i giovani capaci di attendere sono diventati dei bravi studenti, in grado di concentrarsi, di tradurre in parole le proprie idee e di difenderle con adeguate argomentazioni. Mentre per il gruppo dei ragazzi che avevano dimostrato di non sapersi controllare, il destino scolastico è comprensibilmente più fallimentare: per studiare e applicarsi occorre infatti saper tollerare le frustrazioni e le limitazioni imposte dalla vita scolastica. E non solo per gli impegni di studio, ma anche nei rapporti con i coetanei.

Un uovo oggi o una gallina domani?

Forse qualche conclusione è necessaria. Queste ricerche, iniziate da Mischel presso la californiana Stanford University, hanno dimostrato che è possibile prevedere lo sviluppo durante l'adolescenza se si valutano le capacità regolative dei bambini a 4 anni.

E ne è emerso qualcosa che è ancora più intrigante. Mentre siamo sempre stati abituati a pensare che sia meglio un uovo oggi che una gallina domani, le ricerche della Stanford University ci rivelano un quadro completamente diverso: i bambini che vogliono l'uovo subito e non sanno aspettare che diventi domani una gallina sono quelli più vulnerabili. Bambini impulsivi, che non sanno regolare i propri desideri, incapaci di guardare al di là del loro orizzonte immediato.

Al contrario, i bambini che sanno aspettare che l'uovo si trasformi in gallina sanno anche guardare nel futuro e valutare con occhio critico il proprio punto di vista immediato.

E allora perché generazioni e generazioni sono state allevate col proverbio dell'uovo oggi? Probabilmente si tratta di un proverbio nato nel mondo contadino, che è fortemente legato alla terra e condizionato dalla necessità di accumulare, anche per paura del futuro: gli scarsi raccolti, il tempo cattivo, le avversità ambientali, le morie di animali rendono molto prudente l'agricoltore e lo inducono a raccogliere frutti o grano non appena gli sembrino sufficientemente maturi.

Questa filosofia contadina, così legata al ritmo ripetitivo delle stagioni, ha anche prodotto una morale quotidiana, che per molto tempo è stata trasmessa ai figli, per scoraggiarne le ambizioni eccessive e tenerli coi piedi ancorati alla terra. Tutto sommato la morale del proverbio era che è meglio rimanere nel proprio piccolo orto e non pretendere di avventurarsi verso nuovi orizzonti pieni di incertezze.

Ma oggi molte cose sono cambiate. Non viviamo più in un mondo contadino, e non è più sufficiente la sua sana morale se vogliamo raccogliere i frutti della terra e mangiare le uova del pollaio. Il futuro è ormai il presente, con un mondo che va sempre al di là di quello che si vede. Il gusto dell'avventura spinge le nuove generazioni a lanciarsi nel futuro e a superare il contingente.

Sicuramente non si vive più alla mercé dei cambiamenti dell'ambiente naturale, che oggi possono essere previsti e addirittura guidati e dominati. La nuova morale è quella dell'*homo faber* che costruisce il suo destino e non ne è più vittima. È forse il trionfo della gallina domani, anche se c'è il rischio che si tratti di una gallina allevata con gli ormoni.

A questo punto ci possiamo chiedere: perché esistono oggi destini personali così diversi? Perché per alcuni vale ancora la morale dell'uovo oggi e per altri quella della gallina domani?

La risposta più ovvia è che sia una questione di intelligenza: che cioè i più intelligenti sappiano capire, fare previsioni, valutare quello che è più conveniente. Ma anche questo è un modo di pensare che ha fatto il suo tempo. Se torniamo al comportamento dei bambini durante il test, ci rendiamo conto che non dipende tanto dall'intelligenza se uno di loro si trattiene dal mangiare il dolcetto e aspetta il ritorno dello psicologo; ma piuttosto dalla sua capacità di non farsi sopraffare dai desideri o dalle voglie e di mantenere un proprio equilibrio personale, che gli consente di valutare la situazione e comprendere che attendendo può ottenere risultati insperati. Al contrario di quello che abbiamo sempre pensato, infatti, l'intelligenza è fortemente condizionata dalle risposte emotive, che in qualche caso sono così immediate e travolgenti da non permettere di giudicare adeguatamente i fatti. Anche i più equilibrati rispondono emotivamente all'offerta dello psicologo, ma sono in grado di modulare la risposta emotiva e inserirla positivamente nella propria vita.

Questa capacità in psicologia è stata definita regolazione delle emozioni,[5] un vero e proprio termostato che attiva e disattiva le risposte emotive in ogni momento della vita. Naturalmente quando ci si sente feriti oppure frustrati, e anche quando si è sottoposti a sollecitazioni o a desideri, il regolatore delle emozioni può salire molto e sregolarsi, provocando reazioni eccessive. Se invece il termostato emotivo funziona, le emozioni ampliano enormemente le nostre capacità di capire quello che ci sta succedendo e di sintonizzarci con gli altri.

Affronteremo insieme il significato della regolazione delle emozioni e dei comportamenti, cercando di capire come l'ambiente che ci circonda e l'educazione che si riceve fin dai primi anni possano facilitare od ostacolare con le proprie regole le tappe che permettono di acquisire una propria organizzazione psicologica. Inoltre cercheremo di capire se il cambiamento dei principi educativi in famiglia contribuisca a indirizzare le strategie personali di regolazione verso strade diverse.

«Via col vento»

Se la psicologia o la biologia hanno cercato di esplorare e studiare, soprattutto negli ultimi decenni, le differenze individuali, altrettanto hanno fatto gli scrittori e i poeti che ci hanno lasciato ritratti indimenticabili di personaggi dalla forte fisionomia. Lo stesso Freud ebbe ripetutamente a scrivere che gli scrittori e i poeti avevano saputo intuire, già molto tempo prima, le scoperte della psicoanalisi.

Se pensiamo al grande romanzo americano *Via col vento*,[6] una vera saga familiare ambientata nel secolo scorso in Georgia, raccontata anche in un film indimenticabile, ci ritornano alla mente le due protagoniste femminili così diverse fra loro, Rossella e Melania.

Fin dalle prime pagine l'autrice, Margaret Mitchell, ci riporta nel clima intenso e appassionato della Georgia, nel Sud degli Stati Uniti, e delinea la figura di Rossella O'Hara:

> Non era una bellezza ... nel suo volto si fondevano in modo troppo evidente i lineamenti delicati della madre – un'aristocratica della Costa, oriunda francese – con quelli rudi del padre, un florido irlandese.

Nelle righe successive il ritratto si precisa:

> Malgrado la castità dell'amplissima gonna, la semplicità con cui i capelli erano intrecciati e raccolti in un nodo, la compostezza delle bianche mani congiunte nel grembo, la sua vera personalità non riusciva a celarsi. Gli occhi verdi erano vivacissimi nel visino dolce, pieni di volontà, avidi di vita, in assoluto contrasto col suo contegno riservato.[7]

Nonostante questa immagine di tranquilla bellezza, il comportamento di Rossella diventa ben presto trasparente. È una giovane ragazza piena di sé, che vuole sempre primeggiare fra le fanciulle del suo ambiente e ama farsi corteggiare dagli amici, oltre a essere al centro delle attenzioni della sua famiglia. Allo stesso tempo impulsiva e insofferente, «era costituzionalmente incapace» scrive la Mitchell «di sopportare che un uomo – chiunque fosse – si innamorasse di una donna che non era lei».[8]

L'intreccio del romanzo comincia a prendere corpo non appena Rossella scopre dalle parole dei giovani gemelli Tarleton che il suo amico Ashley sta per fidanzarsi con Melania. Ashley è un giovane possidente che abita in una villa vicina, fra le piantagioni della Georgia, e che Rossella ama segretamente con i languori di una passione adolescenziale.

Il pettegolezzo dei gemelli colpisce subito l'obiettivo: Rossella prende immediatamente fuoco. Non è da lei accettare la sconfitta. Come può sopportare che il suo Ashley ami una donna che non sia lei? Delusione e rabbia si intrecciano e «nel suo volto era un'espressione di pena e di sbalordimento; lo sbalordimento di una bambina viziata che aveva sempre avuto tutto ciò che voleva, ed ora si trovava a contatto con quello che la vita ha di spiacevole».[9]

Sì, questa è la verità che ha tenuto nascosta a tutti: Rossella ama Ashley, un giovane esangue, biondo, gentile e distante, ma anche terribilmente noioso coi suoi discorsi sempre così didattici. Eppure lei «lo amava, lo desiderava e non lo comprendeva. Era una creatura dritta e semplice come i venti che soffiavano su Tara e sul giallo fiume che la percorreva».[10]

Come il vento che spazza le campagne dell'assolata Georgia, Rossella viene travolta dalle sue emozioni, che la investono con tutta la loro forza. Dalle parole della Mitchell scopriamo anche che la violenza delle emozioni non permette alla giovane donna di capire lo stato d'animo delle persone che le stanno intorno e forse, per questo motivo, si intestardisce con i suoi capricci infantili, incapace di guardare la realtà.

Questo suo temperamento non era stato mitigato in famiglia, benché il padre, Geraldo, avesse ripetutamente cercato di frenare i furori della figlia. Egli finiva infatti per assecondarla sempre e la viziava, compiaciuto com'era del suo straordinario temperamento.

Ma lo scenario in cui si svela appieno la personalità di Rossella e degli altri protagonisti del romanzo è il grande ballo di fidanzamento fra Ashley e Melania. Durante la festa impariamo a conoscere la rivale:

> Era costei una creatura snella e fragile, che dava l'impressione di una bimba che avesse indossato per mascherarsi le enormi gonne a cerchi di sua madre ... Aveva una massa di riccioli bruni talmente

stretti nella rete, che non ne sfuggiva neanche uno ... Sembrava – ed era – semplice come la terra, buona come il pane, trasparente come l'acqua di fonte. Ma nonostante i suoi lineamenti non belli e la statura insufficiente, vi era nel suo modo di fare una tranquilla dignità che era stranamente commovente, e molto al disopra dei suoi diciassette anni.[11]

Durante la festa di fidanzamento Rossella si aggira molto inquieta fra i saloni della villa, non potendo accettare che Ashley si dedichi completamente a una donna che non sia lei, e la sposi. Pur sapendo che di lì a poco sarà annunciato il matrimonio di Ashley, Rossella non vuole in alcun modo rinunciare a lui, anche a costo di comportarsi in modo sfacciato, contravvenendo alle rigide regole di comportamento che governano la vita tradizionale del profondo Sud americano.

Nei saloni della grande villa adorni di specchi Rossella cerca di attrarre intorno a sé i giovani invitati della sua età. Con sguardi seduttivi e parole invitanti inizia il suo gioco: flirta con i corteggiatori in modo provocatorio, se non addirittura sconveniente. Ashley però non se ne accorge, e continua a parlare con grande intimità con la futura moglie, in un angolo del salone. Con la coda dell'occhio Rossella lo sorveglia nell'attesa che alla fine si accorga di lei, ma con amarezza si rende conto che non riesce a ingelosirlo.

Nemmeno questo scacco tuttavia è sufficiente a farla rinunciare. Aggirandosi nei saloni riesce finalmente a trovarsi a tu per tu con Ashley e decide di confessargli il suo amore. Intimorito e a disagio, il giovane si comporta in modo evasivo: per lei prova soltanto affetto. Ma l'affetto non è l'amore appassionato che invece vorrebbe Rossella. La quale però non demorde, non rinuncia ad averlo, mettendolo in un terribile imbarazzo: nell'imminenza del suo matrimonio lo costringe ad affrontare questa sgradevole situazione, e non vuole sentire ragioni.

Ashley è molto diverso da Rossella. Il matrimonio costituisce per lui una tranquilla scelta d'amore e di convenienza; egli non conosce e soprattutto non vuole conoscere la violenza della passione. Trincerandosi nel suo misurato distacco, dimostra di aver capito, con la sua risposta, la vera natura di Miss O'Hara: «Voi, Rossella, da un uomo volete aver tutto: il corpo, l'anima, i pensieri. E se non li aveste sareste infelice. Ed io non potrei darvi tutto di me. Non posso dar tutto a nessuno e non desidererei tutto il vostro cuore e la vostra anima».[12]

A questo dialogo intimo e tormentoso assiste non visto, seduto in un angolo su una poltrona, lo spregiudicato avventuriero Rhett Butler, che nel film è impersonato, come ricorderete, dall'affascinante attore Clark Gable. Rhett rimane anche lui colpito dal dialogo fra Ashley e Rossella e le si rivolge con parole dure con cui la mette a nudo: «Con la vostra "passione di vivere", ma povera di spirito...».[13]

Questa passione di vivere farà sì che Rossella sia travolta dagli eventi. Nello scenario della disastrosa guerra fra Nord e Sud, Rossella continuerà a sperare di poter avere Ashley, soprattutto dopo la morte di Melania, che sul letto di morte le chiede di aver cura del marito. Ma Ashley, probabilmente intimorito dal temperamento di lei, di nuovo prende le distanze, e parte per la guerra in difesa del suo paese.

Rossella è allora costretta a unirsi con Rhett, un uomo che non ama e che accetta per necessità. Ma il suo destino non le lascerà tregua. Il matrimonio verrà travolto dalle incomprensioni e dal disprezzo reciproco; la figlia nata dalla loro unione non sopravviverà.

Le vicissitudini drammatiche e le contrarietà della vita di Rossella hanno commosso e fatto piangere lettori e spettatori di tutto il mondo sul destino amaro che non le fa trovare l'amore, inseguito senza successo.

Ci possiamo chiedere se la donna sia stata bersagliata dalla sfortuna o se piuttosto il suo temperamento non l'abbia portata a costruirsi inconsapevolmente un destino sfortunato.

Chissà come avrebbe risposto a 4 anni al test del *marsh-*

mallow? È molto probabile che Rossella appartenesse ai bambini che vogliono tutto e subito e non riescono ad accettare rinunce. Travolta dal vento dei suoi desideri e delle sue passioni, Rossella non vuole avere altro se non Ashley: come i bambini del test di cui ho parlato, non sente ragioni, lo esige a tutti i costi e continuerà ad amarlo nella speranza di poterlo conquistare. Ma la sua irruenza, invece di aiutarla a conquistarlo, lo allontanerà definitivamente, forse provocando un destino che lei inconsapevolmente vuole. Si sentirà allora defraudata, piena di gelosie e di risentimenti che costituiranno il tema dominante della sua vita. Nemmeno il matrimonio con Rhett la placherà: continuerà a sentirsi rifiutata da Ashley, che avrebbe dovuto amare lei e non Melania.

Melania e Ashley, al contrario, appartengono a un mondo diverso. Entrambi sembrano più capaci di rispettare i codici sociali, padroneggiano e addirittura controllano le proprie emozioni, impedendo loro di prendere il sopravvento. E soprattutto riescono ad apprezzare quello che hanno, senza cullarsi in sogni impossibili. Probabilmente entrambi appartengono al gruppo dei bambini che sanno aspettare, sanno fare delle rinunce, sono in grado di riflettere sulle proprie scelte e comprendere il punto di vista degli altri.

Melania e Ashley senza dubbio sanno vivere meglio e sono in grado di realizzarsi, anche se le simpatie dei lettori vanno inevitabilmente a Rossella. Lei infatti è uno di quei personaggi letterari femminili, come Anna Karenina ed Emma Bovary, il cui destino tragico si coglie fin dalle prime pagine di un romanzo.

C'è tuttavia una grande differenza fra Rossella, Anna Karenina ed Emma Bovary, le quali ultime moriranno sconfitte dalla vita. Rossella infatti, nelle pagine finali del libro, ormai travolta dagli eventi, ritorna con la memoria a Tara, la casa della sua infanzia: «Pensò a Tara; e fu come se una mano dolce e fresca si posasse furtivamente sul suo cuore». E nelle ultime parole si intravvede il suo riscatto: «Con lo spirito del suo popolo che non riconosce la sconfitta anche quando se la trova di fronte, rialzò il mento. Riconquisterebbe Rhett. Sapeva di poterlo fare. Non era mai esistito un uomo che ella non potesse avere, se lo voleva».[14]

Il romanzo si conclude con una frase indimenticabile: «Penserò a tutto questo domani, a Tara. Sarò più forte, allora. Domani penserò al modo di riconquistarlo. Dopo tutto, domani è un altro giorno».

Qualche parola di commento. Rossella, a differenza delle altre sfortunate protagoniste dei romanzi ottocenteschi, sembra riuscire a ritrovare dopo tutte le sconfitte la sua «base sicura»,[15] quel nucleo di ricordi infantili e di esperienze rassicuranti che avevano a che fare con i suoi genitori e con la sua governante nera, Mammy, che si era sempre occupata di lei con molta sollecitudine ma anche con fermezza. Si intravvede per lei una speranza per il futuro, perché non tutto è perso.

Ma sarà in grado di mitigare le sue reazioni e di controllarsi senza farsi trasportare dal turbine delle passioni?

Si nasce differenti

Da dove nascono queste differenze? Perché si diventa Rossella oppure Melania?

Le risposte sono molto diverse. Secondo alcuni ricercatori sarebbe decisivo il patrimonio genetico individuale; secondo altri sarebbe, al contrario, l'ambiente a influenzare in modo determinante lo sviluppo.

Credo che basti osservare dei lattanti di poche settimane per notare variazioni anche molto grandi. Vediamo per esempio come diversi bambini, in preda alla fame, reagiscono quando la madre tarda ad allattarli.

Mauro è un lattante di due mesi, con la faccia tonda e un po' di lanugine che comincia a spuntargli sulla sommità della testa. Sta aspettando che sua madre lo allatti, ma lei si attarda al telefono con un'amica. Dentro la culla

Mauro, avvolto nel suo golfino azzurro, appare in tensione, storce la bocca, comincia a stirare braccia e gambe con ritmo crescente e inizia a piagnucolare, fino a piangere sempre più forte. Richiamata dal pianto, la madre conclude rapidamente la sua telefonata: «Scusami, sai, Mauro è affamato, devo andare!».

Preso di corsa il biberon, la mamma si precipita nella stanza del piccolo e se lo mette sulle ginocchia, tenendolo ben stretto col braccio sinistro. Mauro si scuote piangendo rumorosamente e la madre fatica a mettergli la tettarella in bocca, perché lui muove la testa senza riuscire ad afferrarla. Finalmente, dopo vari tentativi, l'operazione ha successo e Mauro inizia a succhiare con vigore.

Il quadro è del tutto cambiato. Mauro succhia ritmicamente, tranquillizzato, e la madre se lo guarda contenta, pensando forse che è un bambino buono e che non le dà problemi.

Entriamo ora nella stanza di Roberta. Lei, pure, ha poco più di due mesi, occhi nerissimi, naso sottile e capelli scuri che le coprono la testa. Anche in questo caso la madre tarda, sta stirando una camicia e la vuole finire prima di andare ad allattare la figlia. Roberta sta nella sua culla in attesa, ha gli occhi puntati sulle farfalline che le hanno appeso sopra. All'inizio tranquilla, diventa via via più tesa, inarca la schiena, accenna a piangere, fa continui movimenti di suzione. Ma dopo un po' i suoi movimenti si rallentano, gli occhi cominciano a socchiudersi e, col pollice in bocca, la piccola cade addormentata.

Nell'altra stanza la madre non la sente, e decide, visto che Roberta non si è ancora svegliata, di stirare delle altre cose. Ma dopo un po' scopre che si è fatto tardi, avrebbe dovuto allattarla già da mezz'ora. Va a raggiungere Roberta nella sua stanza, che è avvolta nel silenzio. Si affaccia alla culla e non sa decidere se svegliarla o no, visto che dorme così bene.

Ma non si può aspettare ancora, e allora sceglie di svegliarla, la scuote, la massaggia sulla pancia, finché la piccola apre appena gli occhi. La madre non demorde, la prende dalla culla e se la pone in braccio, mettendole il capezzolo in bocca, che rimane inerte perché Roberta non succhia. Con insistenza la madre cerca di stimolarla mettendole ripetutamente in bocca il capezzolo, fino a che Roberta accenna a succhiare debolmente. Succhia per poco e poi si riaddormenta col capezzolo in bocca. Di nuovo la madre cerca di svegliare la piccola che, dopo i ripetuti tentativi materni, si mette a succhiare lentamente. Chissà che cosa penserà la madre di questa figlia così svogliata che sembra non apprezzare molto il suo latte. È una dormigliona, pensa, quando dorme non c'è nulla che le interessi.

Un'ultima situazione. Piero, di circa tre mesi, è in attesa dell'arrivo della mamma. Nella culla il piccolo non sa proprio aspettare, contorce la schiena, si tormenta il viso con le dita, piange con un tono intenso, quasi esprimesse tutta la sua rabbia per non essere allattato. Quando Piero piange così forte la madre abbandona tutto quello che sta facendo per raggiungerlo. Si precipita in camera, col viso teso, e ripete ad alta voce: «Ma perché sei sempre così capriccioso?». Lo prende e cerca di metterselo con la testa sul braccio e di attaccarlo al seno. Piero si divincola e la madre non riesce a trovare la posizione giusta, sistema il braccio, solleva la coscia, cerca di orientare la testa del bambino. I risultati sono fallimentari, Piero non si acquieta e continua a dimenarsi e a piangere.

Con aria disfatta la madre fa qualche tentativo di tranquillizzarlo, ma non c'è niente da fare; e alla fine lo guarda sconsolata, probabilmente pensando che quel bambino è troppo difficile. Lei non ce la fa.

Mauro, Piero e Roberta hanno tutti e tre pochi mesi, ma già ognuno di loro ha una precisa fisionomia. Il primo è più facile ed è la gioia della mamma, il secondo è più difficile e la fa sentire spesso sconsolata e impotente, mentre la terza è sempre sonnacchiosa e poco comunicativa, per cui la madre non riesce mai a entrare in rapporto con lei.

Ma perché sono così diversi tra loro, questi tre bambini?

Osservando il differente comportamento delle madri verrebbe da pensare che siano loro a influenzarli: si tratta del resto dell'idea tradizionale che i genitori formino i figli a propria immagine e somiglianza e che i bambini solo dopo un certo periodo di tempo acquisiscano una propria identità.

Oggi la ricerca psicologica ci fornisce un quadro più complesso. È vero che i genitori sono importanti nel dare forma al rapporto con i figli, ma è altrettanto vero che questi ultimi, oltre a essere attivi nelle relazioni, addirittura influenzano i genitori nella scelta del comportamento.

Una volta si pensava che l'ereditarietà e l'ambiente fossero contrapposti e, quando l'influenza dell'eredità genetica era particolarmente forte, l'ambiente avesse un peso limitato e viceversa. Oggi al contrario si è affermata una visione che tende a riconoscere la continuità tra i fattori genetici e quelli ambientali: solo organismi complessi dal punto di vista genetico, come gli uomini, possono essere influenzati dall'ambiente e costruire strategie adattative complesse.[16]

Ritorna di nuovo in primo piano il tema centrale che desidero trattare in questo libro: quello delle strategie di regolazione personale, che sono fondamentali nel mantenere l'equilibrio psicologico, in particolare nei rapporti con gli altri. Dando per scontato che queste strategie abbiano radici nel patrimonio genetico, cercheremo di esplorare insieme il ruolo che svolgono l'allevamento e l'educazione dei figli nel selezionare e indirizzare le potenzialità personali verso l'una o l'altra strada. E soprattutto avremo in mente un interrogativo che spesso ricorre: era meglio l'educazione del passato, quando l'autorità dei genitori era indiscussa, o è meglio quello che succede oggi nelle famiglie, in cui si assiste a un continuo lavoro di mediazione e di compromesso fra genitori e figli?

II

O mangi questa minestra o salti dalla finestra

Gli infanti dello Spedale degli Innocenti

Quando ci si chiede se sia meglio l'educazione del passato o quella di oggi, si dà per scontato che le sue norme cambino anche molto nel corso del tempo. Da un altro punto di vista, si può pensare che i meccanismi psicologici di regolazione personale siano influenzati e addirittura modulati dall'educazione e dai principi che sono stati trasmessi dai genitori ai figli.

Ma ritorniamo alla facile constatazione che le regole educative possono cambiare anche molto nel corso del tempo. Ad esempio, oggi i bambini sono precocemente inseriti nel mondo e in una rete di rapporti complessi in cui sono molto attivi e hanno ampie possibilità di interazione e di comunicazione con gli adulti che vivono accanto a loro.

Che cosa succedeva invece in passato?

Più di qualsiasi ricostruzione dell'allevamento dei bambini nei secoli scorsi, può esserci d'aiuto un'immagine emblematica: i tondi in ceramica di Andrea della Robbia sulla facciata dello Spedale degli Innocenti a Firenze. Si tratta, in questo caso, di un lontano passato: il Rinascimento. Gli infanti che risaltano dai tondi di terracotta sono dei lattanti strettamente avvolti da fasce che lasciano libera solo la testa. Pupazzi rigidi, quasi legnosi, immobili, che rappresentano bene l'immagine sociale dell'infanzia durante il Rinascimento.

I bambini erano sottoposti fin dalla nascita a regole rigidissime, che come fasce li avvolgevano e li costringevano in modo da abituarli precocemente alle richieste del monso esterno. Forse possiamo aggiungere che queste fasce di regole servivano a indirizzarne lo sviluppo verso percorsi voluti. Come bonsai giapponesi, i bambini si torcevano e si modellavano così da adattarsi in modo mimetico all'ambiente.

Questi sistemi di educare i figli ci possono lasciare, oggi, piuttosto perplessi, ma dobbiamo riconoscere che fornivano modelli solidi e sicuri con cui i figli si potevano identificare.

I dubbi non appartenevano a quell'epoca. I figli, crescendo, accettavano senza esitazione il tipo di educazione che avevano ricevuto dalla propria famiglia ed erano pronti, a loro volta, a trasmetterlo ai propri figli. Non esistevano allora problemi di identità. La pianta poteva essere deformata come un bonsai, ma le radici erano profonde e solide.

E poi, che tranquillità non avere dubbi e sapere che quello che ci viene richiesto dai genitori e dai grandi è solo per il nostro bene!

Anche senza andare troppo lontano nel tempo, il destino di un bambino che nasceva cinquant'anni fa era molto diverso da quello che gli è riservato oggi. Avvolto, anche lui, da fasce che gli immobilizzavano il corpo e che lasciavano libere solo la testa e le braccia, il bambino, se apparteneva alla classe media, veniva messo fin dai primi giorni di vita in una culla chiusa da veli, che lo doveva proteggere da stimoli troppo intensi.

Altrettanto ampiamente accettata era l'idea che, per allevare i bambini, i genitori dovessero seguire comportamenti e regole vincolanti. L'allattamento era fissato secondo schemi piuttosto rigidi: nel primo mese la madre attaccava al seno ogni tre ore il bambino che poi, sempre secondo le prescrizioni del medico o del pediatra, veniva abituato a mangiare ogni quattro ore, fino a raggiungere i quattro pasti che finalmente lo avvicinavano alle abitudini adulte.

Quando il bambino piangeva c'era una regola addirittura aurea, solo a volte infranta dalle madri più tenere che non potevano tollerare il pianto del figlio: doveva rimanere nella culla anche quando strepitava disperato. Prenderlo in braccio significava viziarlo fin da piccolo e pregiudicare il suo futuro sviluppo. Vigeva infatti l'idea che se il bambino fosse stato assecondato, avrebbe preso delle cattive abitudini che poi sarebbe stato difficile riuscire a togliergli.

E non si trattava solo di pregiudizi e di ignoranza dei genitori, perché anche la scienza dell'allevamento dei bambini si muoveva in questa direzione. Prendiamo ad esempio la psicologia. Fino agli anni Cinquanta era dominante il comportamentismo: il suo fondatore, lo psicologo americano Watson,[1] riteneva che si potesse plasmare il bambino fin dalla nascita e ottenere da lui tutto quello che si desiderava. Era il trionfo dell'addestramento!

Quantunque ammantato da una veste scientifica, il comportamentismo riprendeva la morale ottocentesca che in Inghilterra aveva ispirato il proverbio tipicamente vittoriano «*spare the rod spoil the child*», ossia risparmia il bastone e vizierai tuo figlio. Senza dubbio l'Inghilterra aveva a cuore il futuro della propria potenza politica ed economica e doveva educare le nuove generazioni ad assumere un ruolo dirigente, anche a costo di indurire i propri figli e abituarli precocemente alle privazioni, ai sacrifici e alle sofferenze che li avrebbero temprati per esercitare la propria egemonia sugli altri popoli.

Regole e prescrizioni in famiglia

Ai genitori è sempre stato affidato il grande compito di allevare i figli e di inserirli nel mondo adulto. Lavoro continuo di educazione, questo, in cui si alternavano premi e punizioni che servivano a istradare i giovani, naturalmente nella direzione voluta dai genitori: la prima e indispensabile tappa che portava le nuove generazioni a trovare un posto soddisfacente nella società.

La famiglia, in passato, non era sola nella sua opera di allevamento dei figli. Era fortemente sostenuta dal tessuto sociale che, come scrive lo storico Hobsbawm, «non era formato soltanto dalle effettive relazioni fra esseri umani e dalle loro forme organizzative, ma anche dai modelli generali di tali relazioni e dagli schemi che, secondo le aspettative comuni, dovevano regolare i comportamenti reciproci tra le persone, i cui ruoli erano prescritti».[2] Esisteva un vocabolario morale dei diritti e dei doveri che aveva radici lontane e che, in seguito, si era adattato alla nuova realtà della società industriale borghese. Questo vocabolario parlava di obblighi reciproci, di premi e punizioni, di peccati e virtù, di sacrificio, di responsabilità e di coscienza. Parole grosse, che oggi farebbero tremare i polsi!

Vi è da aggiungere che un tempo la famiglia era piuttosto stabile, nonostante si fosse dovuta adattare alle varie trasformazioni sociali ed economiche. Grazie alla sua deriva era riuscita non solo a passare indenne attraverso tutti i cambiamenti, ma addirittura ad aumentare il proprio peso nella società.

I genitori provenivano da ambienti sociali abbastanza simili e i figli, proprio perché i cambiamenti in atto erano piuttosto lenti, continuavano sulla loro strada e miglioravano la loro posizione: in campo lavorativo perlopiù proseguivano (perlomeno il primogenito) le attività paterne, garantendo in questo modo la continuità familiare; e le scelte matrimoniali a loro volta erano spesso influenzate, se non determinate, dai genitori che in questo modo spingevano i figli a proseguire nei solchi già da loro tracciati.

Non solo i lattanti erano fasciati, ma le stesse famiglie erano come avvolte da bende coercitive che le costringevano a mantenere comportamenti fissi e piuttosto inamidati. Le madri si occupavano dell'allevamento dei figli, aiutate dalle altre donne di casa, mentre i padri prendevano parte alla loro educazione solo in un secondo tempo, nel momento in cui bisognava inserirli nel mondo esterno alla famiglia.

Come ti svezzo i bambini

Nella difficile opera di educare i bambini, i genitori ricorrevano a diversi mezzi. In primo luogo, e forse il più importante, all'esempio. Ogni giorno i genitori sono, infatti, le figure maggiormente presenti agli occhi dei figli, con una grande autorità derivante dal fatto che provvedono in tutto e per tutto alla loro sopravvivenza. E non solo offrono la protezione ambientale e il sostentamento alimentare, ma sono determinanti perché danno sicurezza psicologica.[3] Per questo motivo i genitori hanno molte carte in più rispetto agli insegnanti, proprio in virtù di un legame affettivo di cui il bambino ha estremo bisogno.

Il latte materno e l'affetto sono per i genitori dei mezzi potentissimi per ottenere quello che vogliono dai figli. A volte basta addirittura uno sguardo per far capire loro quello che devono fare. Verrebbe quasi da pensare che quanto scrisse lo psicologo americano Watson sia vero: che cioè il bambino sia un vaso vuoto, continuamente riempito dai genitori.

A guardare meglio, le cose non stanno proprio così. Sì, i genitori sono determinanti, ma spesso il figlio prende direzioni diverse da quelle che loro desiderano. A quel punto si interviene con promesse, premi, punizioni, ricatti affettivi, fino alle punizioni fisiche – e non è detto che bastino – per riportarlo nella carreggiata voluta. In queste circostanze i genitori si scontrano col carattere del figlio, che alla fine si impone nonostante le loro pretese.

L'allevamento dei bambini un tempo non era lasciato al caso, perlomeno nelle famiglie più attente. Era ritmato da tappe piuttosto rigide, che rispondevano a modelli sufficientemente condivisi, soprattutto all'interno della classe media.

Prendiamo ad esempio lo svezzamento dal seno materno, che era la prima tappa importante. Si trattava, infatti, della prima rinuncia da imporre a un lattante ancora in fasce. Il bambino dopo qualche mese di allattamento doveva cambiare alimentazione: cibi solidi, di sapore anche molto diverso. E dal momento che per cercare di convincerlo a rinunciare al latte della mamma era ancora troppo presto, era necessario intervenire con mezzi piuttosto drastici.

Oggi siamo tutti molto attenti allo svezzamento, dai pediatri alle madri. Si è detto e si è ripetuto negli ultimi anni che deve avvenire in modo graduale e che occorre fare ripetuti tentativi per abituare il bambino al sapore e alla consistenza diversa dei nuovi cibi. Infatti il lattante deve rinunciare alla sensazione così piacevole e rassicurante di mettere in bocca il capezzolo della madre, di essere avvolto dalle sue braccia e di succhiare un liquido caldo e dolce, che dà tranquillità e benessere.

Con lo svezzamento il bambino comincia a scoprire che le cose non possono continuare come lui desidererebbe: esiste quel maledetto principio di realtà,[4] che non è stato inventato da Freud, perché privazioni e rinunce compaiono fin dalla nascita. Il lattante non può continuare a vivere nello stato originario di beatitudine, di soddisfazione e di pienezza, la famosa età dell'oro che si vorrebbe ritrovare durante la vita. Ancora una volta è Freud a descrivere in modo efficace la condizione originaria del lattante come quella di un piccolo edonista che vuole tutto e subito. È infatti il principio del piacere a regolare il suo mondo, da cui lo sviluppo successivo, più legato alla realtà, lo allontanerà sempre di più. Anche se in alcuni momenti il bambino potrà ritrovare il piacere originario, per esempio quando si ciuccia il dito o si stringe alla sua pezza morbida.

Ma, tornando al passato, come avveniva lo svezzamento?

Cerchiamo di ricordare che cosa succedeva quando i bambini dovevano essere svezzati. La madre sapeva che questa era una tappa necessaria dell'allevamento, perché il latte non era più abbastanza nutriente. Non esistevano apprensioni per le possibili reazioni psicologiche del bambino: i genitori avevano sostanzialmente a cuore la sua cura fisica.[5] Del resto non era infrequente che il lattante, soprattutto nelle famiglie borghesi, fosse mandato «a baliatico» presso una nutrice che gli avrebbe dato un alimento più sostanzioso. E nessuno sembrava preoccuparsi di questa precoce separazione del bambino e del suo attaccamento alla madre. Quella che importava era la sua salute fisica.

Lo svezzamento era dunque solo una pratica necessaria, da affrontare nel modo più rapido e in un periodo prestabilito. E se il bambino piangeva e non voleva rinunciare al latte che gli dava la madre, si ricorreva anche a misure drastiche per svezzarlo: succedeva, ad esempio, che venisse convinto con metodi coercitivi, mettendo il sale o addirittura il peperoncino sul capezzolo della madre, che perdeva così le caratteristiche del rubinetto magico a cui attaccarsi quando si aveva fame. Tutto questo doveva servire a temprare fin dai primi giorni il carattere del piccolo, che veniva obbligato a rinunciare al suo primo oggetto d'amore.

Si arrivava a pratiche che oggi ci fanno orrore e che potrebbero essere ricordate in un museo sugli abusi dell'educazione. Mi è stato raccontato, ad esempio, che nelle campagne meridionali, al momento dello svezzamento la madre coprisse il proprio seno con una pezza nera per scoraggiare il figlio e allontanarlo dal suo petto. E mentre il sale o il peperoncino erano efficaci, perché provocavano il disgusto del lattante per il seno, la pezza nera assumeva un significato minaccioso che probabilmente aveva radici nel mondo magico del Sud, descritto nei libri dell'etnologo Ernesto De Martino, per esempio *Sud e magia*.[6]

Cerchiamo di capire in che modo il seno coperto di nero avrebbe potuto svezzare il lattante, ricorrendo alle teorie psicoanalitiche kleiniane.[7] Secondo Melanie Klein il lattante vivrebbe, fin dai primi mesi, in un mondo di fantasie inconsce popolato da immagini idealizzate del seno materno, nei momenti di benessere e di soddisfazione. Ma questa meravigliosa immagine materna è costantemente minacciata dalla presenza di un seno cattivo, che addirittura provocherebbe nel bambino paure mortali, quelle che la Klein chiama angosce persecutorie: sensazioni terrificanti che verrebbero attivate nel bambino quando la madre tarda a tranquillizzarlo e a dargli il latte, oppure quando si sente tormentato dalle coliche intestinali. La buona relazione con la madre è stata, in questo caso, sostituita dalla presenza cattiva, che invade tutto il suo campo mentale.

Tornando alla terribile pratica di presentare al lattante il seno coperto di nero, essa aveva la sua efficacia perché veniva a dar corpo alle fantasie del bambino. Addirittura egli vedeva nella realtà il seno terrorizzante dei suoi incubi, che veniva a prendere il posto di quello rassicurante e familiare a cui era abituato. Non c'era per lui altra strada se non abbandonare il seno materno, che poteva diventare tanto pericoloso.

In questo modo ricattatorio il bambino veniva svezzato, costretto a rinunciare, fin dai primi mesi di vita, a quello cui era legato e che amava di più. Nello stesso termine svezzamento, d'altra parte, è implicita la rinuncia al vezzo, come se l'allattamento rappresentasse per il bambino un vizio piacevole. Questo primo svezzamento avrebbe dunque dovuto preannunciare il suo ingresso nella vita e avrebbe contribuito a indurire il suo carattere, preparandolo alle future privazioni e sacrifici.

Altrettanto poteva accadere quando il bambino insisteva a succhiarsi il dito. Per scoraggiarlo si inventavano mezzi di ogni genere: guanti che venivano fissati alla mano, o addirittura cinghie di tela per bloccarla...

Mamma non ti vuole più bene

Non dobbiamo pensare però che in passato si ricorresse solo a costrizioni o a punizioni per ottenere l'obbedienza dei figli. C'erano anche mezzi più sottili e più coinvolgenti che si rivelavano estremamente efficaci. Senza aver studiato i libri di psicologia, le madri ben presto imparavano a dosare intuitivamente l'amore e la protezione con i rimproveri e le minacce psicologiche.

Vediamo insieme quello che succedeva a casa di Marco, un bambino di circa 6 anni. La sua era una famiglia borghese degli anni Cinquanta, padre professionista e madre che si occupava della casa e dell'allevamento dei figli. Marco era sempre stato un bambino vivace, poco disposto ad accettare quello che gli diceva la mamma.

La madre gli aveva ripetuto più volte, adesso che aveva cominciato a frequentare la prima elementare, che dopo mangiato avrebbe dovuto, innanzitutto, mettersi a fare i compiti. Solo dopo sarebbe potuto scendere nel cortile di casa a giocare con gli amichetti. Ma ogni volta che la mamma se ne andava a dormire dopo mangiato, Marco infilava le scale per andare a giocare.

E al risveglio della mamma, sempre la solita scena: lei addirittura furente e Marco con aria contrita, ma non disposto, nel suo intimo, a dargliela vinta. Come fare a convincere il ragazzino? Lei le aveva provate tutte, dalle punizioni agli schiaffi, ma nulla da fare.

Ancora una volta Marco, quel pomeriggio, si era fatto sedurre dall'idea di giocare a pallone con i suoi amici: appena aveva sentito che la mamma dormiva, era nuovamente sceso in cortile, ripromettendosi di risalire prima che si svegliasse.

Ma anche in quell'occasione era successa la solita tragedia. Marco si era dimenticato di risalire in tempo e quando era ritornato aveva trovato la madre sulla porta. Apriti cielo, che cosa sarebbe successo!

Questa volta, però, la mamma non l'aveva preso a schiaffi. Con aria gelida l'aveva guardato e senza aggiungere altro gli aveva detto: «Continua a fare così... e vedrai che tua madre non ti vuole più bene!».

Marco era rimasto fulminato da quella reazione, proprio non se l'era aspettata. E andando nella sua stanza continuava a rimuginare: chissà che avrà voluto dire la mamma. Come un tarlo la frase continuava a ronzargli nella testa, provocandogli un malessere indefinito. Seduto al suo tavolo di studio pensava che avrebbe preferito il solito schiaffo, e che tutto si fosse chiuso lì. Avrebbe accettato la sua punizione e poi basta, amici come prima.

Ma qual è la differenza fra lo schiaffo e il ricatto affettivo della madre? E perché Marco avrebbe preferito lo schiaffo a quella frase che l'aveva lasciato così interdetto?

Quando un bambino viene minacciato dalla madre, come è successo a Marco, vengono toccate in lui delle corde affettive a cui è estremamente sensibile. Ogni bambino è vulnerabile sul piano affettivo, ha bisogno che la madre, in particolare, ma anche il padre gli ripetano che gli vogliono bene e che si occuperanno sempre di lui. La molla della sicurezza è assolutamente centrale nella vita umana; e questo non vale solo per i più piccoli, è una costante dell'esistenza di tutti. Ad esempio, anche nei rapporti sentimentali non si può fare a meno di chiedere al proprio partner continue rassicurazioni: «Ma tu mi vuoi bene?», oppure ci si lamenta: «Tu sei fatto così, non mi dici mai che mi vuoi bene...».

La paura di perdere i genitori torna ripetutamente nelle fantasie infantili. Anche nelle favole si riflettono puntualmente le loro angosce più frequenti: nella favola di Pollicino, per esempio, dove il piccolo protagonista viene abbandonato nel bosco dalla famiglia e lascia a terra molliche e sassolini per ritrovare la via di casa e poter riabbracciare i genitori.

Indubbiamente la paura di perdere i genitori dà un'angoscia senza misura, perché significa rimanere fisicamente soli e privi di qualsiasi sostentamento, alla mercé di qualsiasi pericolo. Ma anche la paura di perdere il loro affetto è ugualmente tormentosa, perché mette in moto ansie molto forti. Sono loro che sono cambiati, si chiede inevitabilmente il bambino, oppure sono io che mi sono comportato male e per questo non mi vogliono più? La paura di perdere l'amore si tinge immediatamente di sensi di colpa. Domande e dubbi tormentano il bambino: forse non mi sono comportato bene, sono io che ho sbagliato e adesso è giusto che mi puniscano.

Più di qualsiasi schiaffo la colpa agisce in profondità, come un tarlo che continua a lavorare di nascosto e provoca dubbi e autorimproveri. E per allontanarli non c'è altro modo se non quello di cercare a tutti i costi le rassicurazioni e le conferme di mamma e papà, anche se ciò significa in qualche caso compiacenza e sottomissione. In questo sottile gioco quotidiano di minacce e di rassicurazioni il bambino impara a comportarsi nel modo desiderato dai genitori.

La madre di Marco sapeva come allevare i figli e col più piccolo, Pietro, che aveva poco più di quattro anni, ricorreva anche ad altre strategie.

Pietro, come il fratello più grande, era un bambino vivace e intraprendente, al quale era difficile mettere il freno. Ad esempio, quando la mamma stava in cucina fra le pentole, Pietro se ne andava in giro per casa e questo la preoccupava, perché facilmente il ragazzino si metteva in situazioni critiche: si arrampicava sulla libreria col rischio che gli cadesse tutto addosso, oppure si avvicinava alle finestre, senza rendersi conto del pericolo. Perciò lei preferiva che se ne stesse in cucina a giocare con le costruzioni, sotto il suo occhio vigile.

Ma come ogni bambino della sua età, dopo aver giocato per qualche tempo Pietro cominciava a scalpitare e, benché la madre insistesse a tenerlo lì, si avventurava per casa. Al colmo dell'esasperazione la mamma non aveva altro mezzo che dirgli: «Va bene, vai di là, vedrai che viene l'uomo nero che ti porta via». Altra frase nei momenti di emergenza era: «Se non stai qui, viene il lupo che si mangia i bambini».

Queste erano le uniche frasi che riuscivano a scoraggiare Pietro. Con aria tesa si fermava nel corridoio, guardando prima in direzione della madre, per capire se stesse parlando sul serio, e poi nell'altra direzione, per scoprire se c'erano l'uomo nero o il lupo. Dopo qualche tempo Pietro era diventato meno spavaldo di prima, non amava più tanto avventurarsi per casa, soprattutto di sera, quando era buio; preferiva rimanere nelle vicinanze della cucina, a giocare non troppo lontano dalla mamma. E quando di sera doveva andare a dormire, non voleva rimanere solo e trovava ogni scusa per tenere la madre vicino a sé. «Mamma ho sete... mamma perché non ti fermi un minuto con me... mamma mi fa male la pancia» erano i messaggi che mandava alla madre, la quale non si rendeva conto che suo figlio stava cambiando carattere, era diventato pauroso e ansioso.

In parte, ciò era dovuto all'età, perché i bambini intorno ai tre anni diventano sempre più consapevoli di se stessi e riconoscono l'importanza del rapporto con i genitori per la propria sicurezza. Ma anche le frasi della madre potevano aver contribuito a creargli insicurezza, perché era proprio lei, quella che sapeva tutto, a parlargli dell'uomo nero o del lupo. Il mondo non era più il luogo in cui avventurarsi con gioia, era diventato pericoloso, abitato da personaggi insidiosi, che per fortuna erano ben noti ai suoi genitori.

Qualche parola per capire meglio le angosce suscitate in Marco o in Pietro. I bambini, e vale anche per gli adulti, vivono spesso delle angosce che sono state definite da Melanie Klein depressive e persecutorie.[8] Quando la madre minaccia il figlio di non volergli più bene, oppure di lasciarlo perché è stato cattivo, il bambino ha paura di perdere le figure che gli garantiscono la sicurezza. Si sente abbattuto perché è stato cattivo e ha fatto star male la mamma e ha paura di essere abbandonato e di rimanere solo. E tutto questo gli provoca dei sensi di colpa, perché pensa che l'abbandono sia la giusta punizione per non essersi comportato bene o per aver disubbidito ai genitori.

Quando invece la madre lo minaccia che verrà l'uomo nero o il lupo mannaro, il bambino si sente colpito nella sua sicurezza di sopravvivenza, vede messa in discussione la stessa integrità del proprio sé. Il suo mondo, a questo punto, viene invaso da figure malevole che possono strapparlo via dai genitori e dalla sua casa, come raccontano tante favole: da *Hänsel e Gretel* alla storia di Pinocchio, che finisce nelle mani di Mangiafuoco oppure del Gatto e della Volpe.

Un ricordo infantile di Proust

Se rileggiamo il romanzo di Proust *La strada di Swann*,[9] vi troviamo pagine indimenticabili che ricostruiscono, dall'interno, il mondo infantile dello scrittore. Ricordi che ci fanno entrare nelle profondità del suo mondo quotidiano di bambino, alle prese con le regole imposte dalla famiglia. Costretto a controllarsi e a censurare il desiderio di avere sempre vicino a sé la madre, il piccolo Proust viveva nel tormentoso timore di perderla. Prigioniero di questo universo morboso, fatto di pensieri e di sensazioni opprimenti, era letteralmente soffocato dal desiderio di carezze e di rassicurazioni. E ancora da adulto questi ricordi entravano in risonanza, facendogli rivivere le nottate in cui l'angoscia era una compagna obbligata.

Il luogo dei ricordi infantili è Combray, dove viveva da bambino con la sua famiglia. Il momento peggiore della giornata era la sera, quando scendeva il buio e bisognava andare a dormire, mentre i grandi cenavano fra loro al piano di sotto. Nel silenzio della sua stanza la solitudine per il piccolo Proust era insopportabile, anche perché lo faceva sentire ancora una volta escluso dal mondo della madre, che nella sua immaginazione era presa solo dal marito e dagli ospiti.

E qui, rivivendo le emozioni di allora, sgorga ancora vivo in lui il ricordo che viene narrato con parole ineguagliabili:

> La mia sola consolazione, quando salivo per coricarmi, era che la mamma venisse a darmi un bacio non appena fossi stato a letto. Ma quel «buona notte» era di così breve durata, ella ridiscendeva così presto, che il momento in cui la sentivo salire, poi quando passava nel corridoio dalla doppia porta il rumore leggero della sua veste da giardino di mussola azzurra, dalla quale pendevano cordoncini di paglia intrecciata, era per me un momento doloroso. Annunciava quello che l'avrebbe seguito, in cui lei mi avrebbe lasciato, e sarebbe ridiscesa. Di modo che quel «buona notte», pur così caro, giungevo a desiderare che venisse il più tardi possibile, perché si prolungasse l'intervallo in cui la mamma non era ancora venuta. Qualche volta, quando, dopo avermi baciato, ella apriva la porta per andarsene, volevo chiamarla indietro, dirle: «Dammi ancora un bacio», ma sapevo che subito avrebbe fatto il viso scuro, giacché la concessione che faceva alla mia tristezza e alla mia agitazione salendo ad abbracciarmi, portandomi quel bacio di pace, irritava mio padre, che giudicava assurdi quei riti, ed ella avrebbe voluto farmene perdere la necessità, l'abitudine, ben lungi dunque dal lasciarmi prendere quella di chiederle, quando già fosse sulla soglia dell'uscio, un bacio in più.[10]

Il buio della notte, il silenzio, il distacco dalla madre, la solitudine rendevano il momento dell'addormentarsi particolarmente penoso. E i fantasmi e le paure prendevano il sopravvento, la stanza appena rischiarata da una candela si popolava di figure mostruose che si protendevano sul suo letto.

Il bacio della mamma poteva lenire i timori, ma non era risolutivo perché sarebbe durato troppo poco. E poi le regole del papà erano ferree, un macigno che lo schiacciava senza che si potesse fare nulla. E ai suoi occhi di bambino la madre era troppo compiacente alle leggi paterne, incapace di capire quanto il figlio la desiderasse e la volesse tutta per sé.

Ancora una volta, col flusso doloroso dei ricordi sgorgano parole illuminanti:

Io non distoglievo gli occhi da mia madre; sapevo che quando fossero stati a tavola non mi avrebbero consentito di restare per tutta la durata del pranzo, e che, per non contrariare mio padre, la mamma non avrebbe permesso ch'io la baciassi più volte davanti a tutti, come fossimo stati in camera mia.[11]

Una volta salito nella sua stanza, il piccolo Proust non riusciva a darsi pace. Ancora in piedi aspettava che sua madre salisse, consapevole di aver infranto le regole paterne e di essere imperdonabile. Ma l'angoscia lo rendeva addirittura temerario, pronto a sfidare anche suo padre. Altre righe evocative:

Quando sarei andato a mettermi sul cammino di mia madre nel momento che sarebbe salita a coricarsi, ed ella avrebbe visto che ero rimasto alzato per darle ancora la buona notte nel corridoio, non mi avrebbe più lasciato rimanere a casa, m'avrebbe messo in collegio, il giorno dopo, di certo.[12]

La completa cecità degli adulti, incapaci di comprendere quanto potesse essere tormentoso il mondo dei bambini, faceva sì che in ogni famiglia avvenissero questi piccoli drammi quotidiani a cui nessuno assisteva. La tristezza dei bambini era considerata una colpa da punire, un segno di debolezza intollerabile, non una sofferenza da comprendere e da alleviare.

Nella famiglia di Proust, come in tutte le altre famiglie, esistevano delle vere e proprie tavole della legge che venivano tramandate nel corso delle generazioni. Alcune erano assolutamente tassative: per esempio, come abbiamo visto, i bambini non potevano rimanere in piedi dopo le otto di sera, quando i grandi mangiavano. E a costo di grandi sofferenze personali i bambini imparavano ad accettarle: l'avevano stabilito papà e mamma e non c'era nulla da fare. Si poteva solo sperare in qualche concessione, come succedeva a Proust, che la mamma, ad esempio, venisse a dargli il bacio della buona notte per poi ritornare a cena.

In ogni famiglia venivano a condensarsi abitudini, prescrizioni, divieti che si trasmettevano nel corso delle generazioni. Una sorta di distillato, a cui ognuno dei genitori contribuiva con il patrimonio personale legato alla propria storia familiare. E tutto questo si esprimeva nelle «regole regolative», come sono state definite dal filosofo e linguista americano Searle:[13] norme che codificavano comportamenti già esistenti, abitudini sedimentate e riti familiari, i quali venivano in questo modo ratificati ufficialmente. E a cui tutti, ma soprattutto i figli, dovevano attenersi, perché davano il senso dell'identità familiare.

Da bambino dovevi accettarle senza discutere, anche se non ti piacevano o ti costavano troppo oppure ti facevano star male, come abbiamo letto nella storia del piccolo Proust. Non c'era altro da fare se non accettare questa legge che veniva enunciata di fronte a ogni protesta: o mangi questa minestra o salti dalla finestra.

Naturalmente non erano regole scritte col fuoco, soprattutto in una società mammona come quella italiana. Esisteva qualche margine di mediazione, anche perché fra i figli c'era sempre quello che assecondava i genitori e quello che faceva resistenza più o meno aperta alle prescrizioni.

Queste erano le regole del gioco che valevano in passato, sicuramente diverse da quelle che valgono oggi in famiglia. Come abbiamo detto non erano, però, immutabili, perché venivano influenzate dai cambiamenti sociali ed economici. E in ogni caso quello che valeva per i bambini nei primi anni della loro vita cambiava, ad esempio, durante l'adolescenza.

La vita quotidiana delle famiglie scorreva fra i poderosi argini delle regole. E tutti erano d'accordo nel rispettarle, quasi si trattasse di una legge naturale e non piuttosto del frutto di mediazioni, accordi e compromessi, che si erano sedimentati nel corso delle generazioni.[14]

Papà ha messo il muso

Come abbiamo visto nella famiglia di Marco e Pietro, era la madre a occuparsi quotidianamente dell'educazione dei figli. Li seguiva con attenzione e con amore e sapeva quando era il momento di richiamarli all'ordine oppure di punirli, facendo ricorso anche alle minacce affettive che spesso si dimostravano risolutive.

Col papà era diverso. Il papà ritornava a casa piuttosto tardi, ma spesso riusciva a cenare con i due figli. E questo era un momento importante perché Marco e Pietro finalmente stavano con lui, che a volte, tornando, portava ai figli dei giornaletti in regalo.[15]

L'arrivo del padre creava eccitazione nei due bambini: adesso arriva papà, speriamo ci porti i giornaletti che ci ha promesso. Allo stesso tempo i due bambini erano sempre piuttosto intimiditi dalla presenza del genitore, che era affettuoso, ma anche severo. E durante il giorno, se succedeva qualcosa di sbagliato, la madre non faceva altro che ripetere ai due figli: «Adesso lo dico a papà quando torna... se non smettete di fare quello che state facendo, dovrò dirlo a papà questa sera».

Ed ecco giunto il momento fatidico della cena. Tutti intorno al tavolo: papà, mamma, Marco e Pietro. Come ogni sera Marco e Pietro guardano in faccia il padre per capire di che umore è, perché spesso torna dal lavoro nervoso e irritato. I tempi della conversazione sono sempre piuttosto ritmati. Papà chiede che i figli gli vadano a dare un bacio e poi ci si siede, in attesa che la mamma porti i piatti della cena. E mentre tutti mangiano, papà comincia a chiedere come è andata la giornata: «Come si sono comportati Marco e Pietro?».

Oggi in particolare la giornata è andata piuttosto male. Mentre Marco e Pietro litigavano hanno fatto cadere a terra una statuetta regalata dalla nonna, che è andata in mille pezzi. La mamma ha minacciato i figli di riferirlo al padre, anche se tante altre volte è successo che, sebbene lei lo avesse giurato, a cena non abbia fatto nulla.

Questa sera l'attesa è particolarmente forte: chissà se la mamma lo dirà al papà, pensano entrambi i fratellini. Forse sperano tutti e due in una magia, come quelle che spesso leggono nei libri di favole. No, no, non c'è nessuna magia, la faccia della mamma non promette nulla di buono, è seria e anche risentita. Questa volta non l'ha mandata giù!

Viene tirato fuori il misfatto, Pietro e Marco guardano in silenzio il padre, aspettando il momento del giudizio. Sono abituati ormai a tutto, devono pagare per ciò che hanno fatto. Il papà mormora arrabbiato che quella statuetta è stata durante tutta la sua infanzia in casa sua e che lui camminava in punta di piedi per non farla cadere. Era una statuetta che era rimasta da molte generazioni in famiglia. Dovevano venire Marco e Pietro per distruggerla!

Dopo di che il padre si rinserra in un silenzio minaccioso e non aggiunge altro durante tutta la cena. In questo silenzio opprimente si conclude il pasto e i due ragazzini si ritirano nella loro stanza, contenti che sia finita quella scena interminabile.

Marco e Pietro sanno quanto sia terribile il muso del padre: può durare per giorni e giorni. Papà rientra dal lavoro e non li saluta, addirittura non guarda nella loro direzione. Con un viso implacabile e freddo si muove per casa, parla con la mamma, le dimostra attenzioni, ma con loro ha chiuso i ponti. E non c'è niente da fare. Marco che è più grande cerca anche di rivolgergli la parola e scusarsi, ma lui non lo vede neppure. Come se non esistesse!

Inizia così un periodo terribile. Le cene sono sempre cupe, mamma e papà che parlano fra loro, come se i due figli non esistessero. O addirittura fossero come il brigante Tiburzi, di cui parla spesso la nonna.

I due fratelli sono agitatissimi, vorrebbero rincollare pezzo pezzo la statuetta, ma ormai è tardi. Si sentono dei mascalzoni, addirittura la loro colpa diventa cosmica e perdono quasi di vista il fatto che, in fin dei conti, si tratta solo di una statuetta.

Ogni volta che si incontrano per cena, Marco e Pietro scrutano il viso del padre, per vedere se la piega che ha intorno alla bocca si attenua. Quello è il segno che piano piano si ritornerà al trantran di tutti i giorni e che la bufera è passata.

Ma che cosa rende così insopportabile il muso del papà da fare addirittura desiderare ai due fratellini di scomparire, piuttosto che ritrovarsi ogni sera a cena con lui? Ancora una volta ritorna prepotentemente in primo piano il senso di colpa. Stai seduto a tavola davanti a tuo padre che neppure ti guarda. Tu non esisti ai suoi occhi, il suo viso esprime soltanto distacco e riprovazione, non c'è traccia di simpatia o di affetto. E quel che è peggio è l'impossibilità di spiegarsi o di chiedergli scusa: lui non vuole sentire ragioni e solo con te si comporta così, mentre con la mamma è allegro e di buon umore. Non rimane altro che aspettare, è impossibile fare previsioni, stai nella bufera senza sapere quando finirà. Ti senti annichilito, vorresti cercare di addolcire le pieghe del suo viso, farlo sorridere, ma non dipende da te. Deciderà lui quando finalmente vorrà di nuovo avere a che fare con te.

E fin da piccoli la colpa compare come un tarlo, quando avverti che c'è qualcosa che non va nella tua vita e ti senti insoddisfatto di te stesso. Ma può essere anche un tormentone che ti prende alla gola e ti rende impotente e profondamente infelice. Ed entri in una spirale di rimproveri che fai a te stesso. Potevi evitare di fare quello che hai fatto, lo sapevi che sarebbe potuto succedere e non hai tentato nulla per evitarlo.

Solo più tardi, quando diventi adulto, capisci che da piccolo, quando ti sentivi in tensione e tormentato, era il senso di colpa che non ti abbandonava. Era un sentimento che minava la tua sicurezza e che ti spingeva a chiedere le rassicurazioni necessarie per mettere a posto la tua coscienza.

Molto è stato scritto sul fatto che le culture cristiane siano fortemente legate alla colpa. La confessione, l'espiazione e la riparazione costituiscono i momenti centrali di questa cultura, addirittura codificati nelle pratiche religiose o nella vita civile. Le risonanze più profonde di tali esperienze sono state descritte, analizzate, addirittura sezionate dal lavoro clinico di Freud, che ha studiato l'universo dell'«uomo colpevole».[16] Tormentato dai morsi della coscienza e vivendo costantemente il conflitto fra il piacere e la moralità, l'uomo colpevole deve continuamente fronteggiare il proprio Super-io, compagno sempre difficile, che a volte può diventare schiacciante e altre volte addirittura implacabile.

Quando nascerà la sorellina

Quando nella famiglia di Marco e Pietro è nata una sorellina, i genitori l'hanno accolta con gioia perché arrivava dopo due figli maschi. Nelle famiglie del passato il maschio era quasi d'obbligo, garantiva la trasmissione del cognome di famiglia e allo stesso tempo la continuità delle attività aziendali e familiari. Sì, la femmina era importante, ma avrebbe finito per sposare un uomo che l'avrebbe portata in un'altra famiglia.

Queste diverse aspettative nei confronti dei figli pesavano fin dalla nascita. In un libro fortunato di qualche anno fa venivano studiati i condizionamenti familiari che influenzavano la vita delle bambine praticamente fin dalla nascita.[17] Tutte le forme di accoglienza riservate a Maria, la sorellina giunta dopo Marco e Pietro – dai colori del corredino alle aspettative dei genitori – dovevano prepararla ad assumere il suo ruolo in famiglia. E mentre i fratelli maschi crescendo hanno dovuto dimostrare la propria intraprendenza e il proprio controllo emotivo, per Maria è stato diverso: ha dovuto comportarsi in modo accomodante, essere disposta a prendersi cura degli altri e allo stesso tempo capace di mostrarsi più affettuosa e vezzosa, soprattutto con il padre.

La madre si compiaceva molto nel vestirla in modo femminile. Abitini a fiori, corpetti lavorati, calzettoni bianchi, che Maria portava con grande orgoglio. A differenza dei fratelli, che spesso si sporcavano ed erano sciatti nel vestire, Maria amava tenere in ordine il suo abbigliamento.

I suoi giocattoli preferiti erano bambole, pentoline, passatempi più casalinghi; se ne stava ore e ore da sola a preparare pappe per i suoi bambolotti, a imboccarli, a cambiarli per poi metterli a dormire nel suo letto. Indubbiamente l'identificazione con la madre era molto forte e fin dai primi anni la induceva a mettersi nei suoi panni. Avrebbe voluto che Marco, ma soprattutto Pietro giocassero con lei, ma loro, che amavano il pallone o i giochi di forza, erano piuttosto scettici ogni volta che la sorellina glielo proponeva.

La diversità di interessi che si manifesta anche nel gioco fra bambine e bambini bene appare in una scenetta osservata dalla psicologa americana Carol Gilligan, che si è occupata con grande competenza dello sviluppo dell'identità di genere. Ci sono due bambini, un maschio e una femmina di circa 4 o 5 anni, che stanno giocando insieme. Il maschio con aria perentoria si rivolge all'amichetta: «Giochiamo a fare i pirati!», mentre la bambina con aria più convincente propone: «Dài, giochiamo alla famiglia». Il maschietto ha una reazione decisamente annoiata e ripete con tono infastidito: «No, io non gioco alla famiglia, è una noia... io voglio giocare ai pirati». La situazione non si sposta, il ragazzino continua a insistere, mentre la bambina appare più incerta. Alla fine questa gli si rivolge con aria furba: «Va bene, facciamo il pirata che stava in famiglia».

Si tratta solo di condizionamenti familiari e culturali, come è stato affermato da molte psicoanaliste a orientamento femminista, o non si tratta piuttosto di un intreccio fra aspettative culturali e caratteristiche femminili, legate, quest'ultime, alla specificità della funzione materna?

Indubbiamente in passato le bambine venivano incoraggiate fin dai primi anni a muoversi esclusivamente all'interno dell'orizzonte familiare e a ritenere che l'unica e significativa realizzazione fosse quella materna. Sappiamo che non solo in famiglia, ma anche a scuola, le bambine venivano sottoposte a un vero e proprio bombardamento, che scoraggiava la loro creatività e le spingeva ad assumere il ruolo di moglie che sapesse dedicarsi al proprio marito. In tale situazione era difficile poter capire quanto tutto questo fosse legato all'effetto deformante dell'educazione o quanto l'educazione stessa si limitasse ad amplificare certe caratteristiche tipicamente femminili. In un libro di grande interesse, *Dalla parte delle bambine* di Elena Gianini Belotti, vengono descritte le particolarità del sé femminile, che a differenza di quello maschile è maggiormente in grado di essere in rapporto con gli altri, di condividerne stati d'animo ed emozioni, in poche parole di provare empatia per gli altri.[18]

E se tutto questo non bastava...

Come abbiamo visto, i genitori in passato svolgevano, direi abbastanza egregiamente, il loro compito di far crescere i figli e di abituarli fin dai primi anni ad adattarsi all'organizzazione sociale e a raggiungere una propria capacità autoregolativa. Oltre all'esempio del padre e della madre e alle loro sollecitazioni affettive, esistevano anche altri modi per trasmettere dei messaggi educativi all'interno della famiglia. Oggi la televisione ha occupato un grande spazio nella nostra vita, ma allora il racconto di storie o di favole da parte dei genitori assumeva un grande valore pedagogico. E le favole, oltre a drammatizzare i grandi conflitti dell'infanzia, come ha messo in luce lo psicoanalista Bruno Bettelheim, trasmettevano spesso anche una morale. Il bambino, tutto preso dall'intreccio fantastico della storia, entrava nei panni del protagonista, ne condivideva le avventure e i pericoli, si immedesimava con lui quando doveva scontare le punizioni, assorbendo in modo inconsapevole valori e giudizi.

Rileggendo in questa luce i libri per bambini, si riesce a comprendere bene con quali intendimenti gli adulti raccontassero le loro storie.

Un testo didattico inglese dei primi anni del secolo scorso,[19] destinato agli alunni delle scuole elementari, si apre con un'illustrazione in cui due fanciulli, vestiti in modo ricercato, con marsine ottocentesche, giocano col cerchio. Le prime frasi sono rivolte in tono persuasivo al giovanissimo lettore:

> Pensa che questa sia la ruota della fortuna e tu sia impegnato con sforzo e con industriosità per volgere verso di te le buone occasioni. La sua rotondità ti fa capire che non c'è fine alla cura e al lavoro dell'uomo: noi entriamo nella vita con incertezza e dobbiamo migliorare ogni situazione con prudenza, diligenza e preoccupazione.

Il libro riflette bene le aspirazioni educative del popolo inglese che, volendo mantenere nel mondo la propria egemonia militare ed economica, doveva costruirla attentamente provvedendo i propri figli dell'istruzione adeguata. Scuole e università, come Eaton, Oxford e Cambridge, erano le palestre da cui doveva uscire la nuova classe dirigente che avrebbe saputo mantenere alta la tradizione del paese. Nelle pagine successive la descrizione del gioco del cricket ci mostra con chiarezza il clima di competizione a cui i giovani erano sottoposti:

> La sfida è iniziata. Ogni parte entra nella partita con la speranza di vincere ... Corrono, volano, si colgono reciprocamente in fallo, inciampano; felici sono i giocatori della squadra che a dispetto della forza, dell'attività e dell'arte degli antagonisti, si lanciano nel mezzo del gruppo, non temono i colori avversari e si impossessano della palla con continui colpi, senza riguardo per l'amicizia verso i propri compagni e vicini ... Non danno quartiere: ogni persona e

ogni cosa devono essere impegnate per il coraggio e gli onori del gioco.

Ci sono istruzioni anche per le bambine, a cui era dedicato un altro libro inglese.[20] Indicazioni precise da rispettare:

Non arrampicarti sulle sedie, sono fatte per sedervi, non per starvi in piedi. Guarda, c'è qui l'illustrazione di una bambina a cui non interessava quello che le veniva detto, si metteva sulla finestra col rischio di cadere giù; altre volte si metteva davanti al fuoco col rischio di bruciarsi ...

Mentre nei libri inglesi si avverte uno spirito piuttosto pragmatico, che cerca di stimolare il tradizionale *self-control* britannico, diverso è il clima educativo in altri paesi, ad esempio in Germania. Ai bambini tedeschi si raccontavano storie cupe, da incubo, che li terrorizzavano costringendoli a rinunciare ai comportamenti non voluti dagli adulti.

Basta ricordare le poesie e le vignette del medico Heinrich Hoffmann. Avendo probabilmente assorbito le fantasie malate dei suoi pazienti psichiatrici, il dottor Hoffmann le riversava nelle storie che scriveva per il figlio di tre anni. Da queste fantasie presero corpo la figura di Struwwelpeter, ossia Pierino porcospino, il bambino con una selva incolta di capelli e unghie lunghe come artigli, e del crudele Frederick che strappava le ali alle farfalle, uccideva gli uccelli e distruggeva le sedie. Le punizioni, inoltre, erano implacabili, come successe al povero Conrad, il bambino che si succhiava il pollice: si aprì improvvisamente una porta, entrò il terribile Sarto e gli amputò entrambi i pollici, mentre sua madre, invece di consolarlo, gli diceva, altrettanto implacabile, che lei già lo sapeva, prima o poi sarebbe venuto quell'uomo che puniva i bambini cattivi come lui.

Che cosa succedeva negli stessi anni in Italia? I libri educativi per bambini comparvero più tardi, rispetto agli altri paesi, solo negli anni in cui si affermava la «piccola

Italia onesta di re Umberto».[21] Servivano, anche in questo caso, indicazioni e norme educative per le nuove generazioni.

Letto e riletto da molte generazioni di bambini, e anche recentemente ripreso dal cinema, è il libro di Collodi *Le avventure di Pinocchio*, pubblicato nel 1883. Nella riedizione di Einaudi del 1968 c'è un'interessante introduzione di Giovanni Jervis, che risente ovviamente del clima antipedagogico di quegli anni. Jervis propone una lettura di *Pinocchio* più complessa e contraddittoria di quanti mettono in luce il processo di trasformazione da burattino discolo e incontrollabile a bambino in carne e ossa, che finalmente accetta le regole della vita civile. I vari personaggi della storia rappresentano il mondo italiano, dall'Omino di burro al Gatto e alla Volpe, questi ultimi truffatori da quattro soldi. Ma anche i personaggi buoni, al di là della convenzionalità educativa («guai ai bambini cattivi e disubbidienti»), finiscono tutti nella compromissione: la loro bontà facilmente si corrompe e non è più inviolabile.

L'autorità paterna è rappresentata da Geppetto, un pover'uomo, un debole che non sa reagire e difendersi di fronte alle autorità, come succede quando viene ingiustamente arrestato dai carabinieri. Ed è interessante che fin da allora l'autorità paterna fosse debole e compromessa.

Anche il mondo della giustizia veniva descritto con occhio cinico e ironico, con parole che ancora oggi aiutano a comprendere l'operato a volte inquietante della giustizia italiana. Nel capitolo XIX Collodi racconta il processo che deve subire Pinocchio, dopo che è stato derubato dal Gatto e dalla Volpe:

> Il Giudice era uno scimmione della razza dei gorilla, un vecchio scimmione rispettabile per la sua grave età, per la sua barba bianca e specialmente per i suoi occhiali d'oro, senza vetri, che era costretto a portare continuamente, a motivo d'una flussione d'occhi che lo tormentava da parecchi anni.
>
> Pinocchio, alla presenza del Giudice, raccontò per filo e per se-

gno l'iniqua frode di cui era stato vittima, dette il nome, il cognome e i connotati dei malandrini, e finì col chiedere giustizia.

Il Giudice lo ascoltò con molta benignità, prese vivissima parte al racconto, s'intenerì, si commosse e, quando il burattino non ebbe più nulla da dire, allungò la mano e sonò il campanello. A quella scampanellata comparvero subito due can mastini vestiti da giandarmi.

Allora il Giudice, accennando Pinocchio ai giandarmi, disse loro:

«Quel povero diavolo è stato derubato di quattro monete d'oro: pigliatelo dunque e mettetelo subito in prigione».[22]

E se in Inghilterra la pedagogia rivelava un forte empirismo che spingeva il bambino a adattarsi nel modo più efficiente alle pressioni ambientali e in Germania il mondo degli adulti e della giustizia assumeva volti minacciosi e addirittura sadici, in Italia emergeva un quadro pieno di compromessi e di contraddizioni. La morale si riduceva spesso a una legge di scambi: se io mi comporto in modo compiacente e accomodante domani mi ricambierai il favore, chiudendo un occhio o aiutandomi a tua volta.

Era questa la morale familiare vigente, in cui tuttavia «il quadro dei riferimenti educativi restava comunque elevatissimo, basato come era sulla conquista del controllo di sé, sul senso di responsabilità, sulla pronta risposta ad alcune regole della convivenza. Il desiderio che i figli si conformassero a questi valori si configurava in modo differenziato a seconda delle situazioni familiari».[23]

III
La malattia delle regole

Rileggiamo Freud

Immaginiamo che cosa avveniva in una famiglia del passato quando il figlio aveva pochi mesi.

Lo scenario è quello di una famiglia dell'immediato dopoguerra, come ce n'erano molte: il padre impiegato, la madre che lavorava in casa e si occupava dei bambini. Dopo i due più grandi nasce Giorgio, un maschietto con i capelli nerissimi che, come dice la madre, «mangia e dorme». Infagottato in un golf azzurro, che è già stato dei fratelli, e in una specie di sacco che lo stringe in vita e gli avvolge le gambe, passa il suo tempo, durante i primi mesi, nella culla. È una grande culla, usata da tutti i bambini di famiglia, con veli azzurri a fiori che lasciano appena intravedere il suo viso nella stanza semibuia. Ogni tre ore la madre, come le ha raccomandato il pediatra, prende il bambino, lo pesa e se lo attacca al seno, dopo aver pulito e sterilizzato il capezzolo. Giorgio succhia con forza il latte e quando ha finito la mamma, per sapere con sicurezza quanto ne ha preso, effettua la seconda pesata. Lei sa come allattare il suo piccolo, ormai l'esperienza dei due figli più grandi le ha insegnato praticamente tutto: quando ha il rigurgito, quando ha il singhiozzo, quando ha le colichette intestinali sa come deve fare.

Le piacerebbe coccolarlo e tenerlo di più in braccio, ma ha sempre nell'orecchio le parole del pediatra: «Non lo prendere troppo in braccio, perché si vizia». Un po' a malincuore lo rimette dentro la culla: Giorgio piange per qualche tempo, scalcia, ma alla fine si accoccola e cade addormentato. Lei vorrebbe dargli anche il ciuccio per calmarlo quando piange, ma si è dovuta scontrare con la resistenza del marito e della suocera, i quali continuano a ripeterle che con i bambini bisogna essere rigidi, altrimenti si viziano.

Eppure lei sarebbe tentata di goderselo di più, questo piccolo, è l'ultimo che avrà e le fa tanta tenerezza. Ma si sente pressata dalla famiglia: il marito, che quando torna a casa la vuole accanto a sé; i figli più grandi, sempre pronti a cogliere i suoi attimi di tenerezza con Giorgio, che non dicono niente, però la guardano quasi con severità. E poi il vecchio pediatra non gliene fa passare una. Quando viene a casa a visitare i bambini la fa sentire sempre sotto accusa: «Giorgio viene allattato *a orario*?». Perché i bambini sono come orologi, ripete ogni volta, «se li carichi regolarmente spaccano il secondo, ma tanto tanto li lasci andare come vogliono loro, diventano un disastro». Nonostante queste perplessità, la madre però è contenta di come cresce suo figlio.

Sono passati già alcuni mesi e Giorgio viene messo su un grande seggiolone in cucina, dove rimane mentre la madre si dà da fare intorno ai fornelli. Il bambino è molto attento e segue con gli occhi tutti i movimenti di lei. Ogni tanto cerca di afferrare qualcosa dal tavolo: l'altro giorno addirittura una carota, ancora sporca di terra, che si è messo in bocca. Chissà cosa avrebbe detto il pediatra, ma Giorgio è nella fase in cui si vuole mettere in bocca tutto.

E di qui nascono le maggiori preoccupazioni di sua madre: così il piccolo rischia di prendersi chissà quali malattie. Ha provato a dargli un biscotto per farlo star fermo, ma lo ha inghiottito e ha rischiato di strozzarsi. Per questo motivo quando sta sul seggiolone non deve afferrare niente.

Nel frattempo è stato tirato fuori dalla cantina il vecchio box dei fratelli. È un recinto di legno, dipinto di verde, con sbarre da cui si può vedere Giorgio che cammina a quattro zampe e si trascina per raggiungere un orsacchiotto di peluche che gli è stato regalato. Ogni giorno ci sono novità nella vita del piccolo, che segue tutto con grande partecipazione. È un bambino sempre di buon umore.

Giorgio ha ormai sei mesi e c'è una nuova tappa da affrontare. Come è già avvenuto per i fratelli, la madre ha deciso che deve essere messo sul vasino. La prima volta è stato difficile: Giorgio non vuole star seduto, benché la madre l'abbia bloccato con una cinta che lo tiene stretto al suo posto. Bisogna però stargli vicino, altrimenti è capace di finire a terra con tutto il vasino attaccato.

È curioso guardarlo mentre sta sul vasino: ha un'aria infastidita e allo stesso tempo stupita, è probabile che non sia ancora riuscito a capire perché deve stare seduto lì sopra. Questa operazione si ripete ogni quattro ore: la mamma lo mette sul vasino dove lo lascia per qualche tempo. Il bambino si dimena, piagnucola e naturalmente non fa la pipì.

La madre di Giorgio si comporta secondo le regole del passato, quando questa operazione era considerata un dovere a cui i bambini non potevano sottrarsi. Spesso fin dai sei mesi il bambino veniva messo sul vasino, dove si doveva abituare a stare seduto, sebbene il controllo del suo corpo fosse ancora incerto. Iniziava fin da allora una pratica di sottomissione che obbligava il piccolo a comportarsi in modo sicuramente contrastante con il suo livello di maturazione corporea: nonostante cercasse di muoversi oppure di allontanarsi dal vasino, doveva stare lì seduto, e pian piano iniziava a comprendere che i genitori volevano che lui vi facesse la pipì o la cacca.

La parola «cacca» assumeva ai suoi occhi un significato piuttosto indefinito. Significava qualcosa di brutto e di sporco, tutto quello che non doveva fare, come mettersi in bocca un oggetto raccolto da terra oppure leccarsi le dita sporche. Allo stesso tempo era anche quello che la madre gli chiedeva con insistenza di fare quando lui stava sul vasino, addirittura strillando se non ubbidiva. E quando, infine, il bambino ci riusciva, all'inizio in modo ancora casuale, ciò era per i genitori motivo di grande soddisfazione. L'evento veniva festeggiato in famiglia, quasi fosse qualcosa di speciale.

Che cosa potesse capire di tutto questo un bimbo di un anno è difficile dirlo. L'influenza negativa del training precoce ha probabilmente giustificato il fatto che Freud parlasse dell'importanza di questa fase, che nel gergo psicoanalitico viene definita sadico-anale, nello sviluppo dei bambini.[1] Per Freud tale fase assume grande valore nel corso dello sviluppo proprio perché lascerebbe dei segni importanti nel carattere dell'individuo e, in qualche caso, provocherebbe anche dei disturbi nevrotici.

Sempre secondo Freud, così come nel bambino piccolo nasce il piacere erotico quando la sua bocca viene stimolata durante l'allattamento o nel succhiarsi il dito, dopo il primo anno si svilupperebbe l'«erotismo anale». All'andare di corpo si associerebbe cioè un intenso eccitamento e, ancora di più, alla ritenzione delle feci.[2] Il bambino si opporrebbe dunque alle richieste dei genitori di mettersi sul vasino per non rinunciare al piacere che ne trae trattenendo le feci. E il sadismo, ossia l'aggressività, farebbe la sua comparsa sia attraverso fantasie di attacco nei confronti degli altri per mezzo delle feci, sia attraverso il controllo e il possesso degli altri, come avviene concretamente con la ritenzione.

Una domanda è legittima: si tratta di un particolare piacere, insito nell'evoluzione istintuale del bambino, che lo spinge a trattenerle, o piuttosto di una sua immaturità di sviluppo che non gli permette di comprendere le richieste dei genitori e di poterle soddisfare? La domanda è particolarmente rilevante, perché nel primo caso si tratterebbe di un piacere che viene negato al bambino dai genitori e ne nascerebbe un conflitto, che caratterizzerebbe appunto la fase anale.

Accetto di rinunciare al mio piacere e offro le feci – secondo quanto Freud attribuisce alla psicologia infantile – in cambio dell'amore dei genitori, oppure continuo con questo gioco di eccitamento mettendomi in contrasto con loro? Ecco l'interrogativo inconsapevole che tormenta il bambino di questa età.

Freud, è evidente, non era del parere che l'educazione al controllo iniziasse, nelle famiglie viennesi, a un'età troppo precoce, ossia prima che il bambino fosse in grado di affrontarlo. In altri termini riteneva che la fase sadico-anale fosse fondamentalmente legata allo sviluppo delle pulsioni e alla loro frustrazione, mentre oggi potremmo individuare piuttosto un contrasto fra il livello di sviluppo del bambino e le richieste educative, da cui nascerebbe un conflitto insanabile con conseguenze, a volte negative, sulla sua crescita.

Oggi siamo portati a ritardare l'inizio dell'educazione sfinterica e addirittura ad assecondare la spinta evolutiva del bambino anche fino ai tre anni. Ma allora era diverso: le esigenze educative non tenevano conto della maturazione infantile e forse era anche difficile riconoscerla.

Secondo un altro modo di vedere, il controllo sfinterico rappresenterebbe, dopo lo svezzamento, una nuova e importante tappa nella relazione fra bambino e genitori. Ma lo scenario è diverso: il bambino è più grande e deve fronteggiare, questa volta, le richieste e le punizioni dei genitori. E mentre lo svezzamento avviene con rapidità perché la mamma decide di sottrarre il seno al bambino, che quest'ultimo lo voglia o no, nel caso del controllo fecale occorre un tempo molto più lungo ed è indispensabile la collaborazione del piccolo, che deve riuscire a far coincidere i propri ritmi biologici con le richieste familiari. Ed è molto diverso se i genitori rispettano i suoi tempi o se invece diventano particolarmente insistenti e minacciosi.

Ancora una volta il bambino si trova di fronte al loro volto severo e terribile, che può risultare incomprensibile ai suoi occhi. In questo periodo comincia a formarsi in lui l'immagine dell'autorità, quella che Freud ha chiamato Super-io, termine che è stato adottato anche nel linguaggio comune e si riferisce alla coscienza morale, a quanto si ritiene giusto o sbagliato, e alle aspirazioni ideali che fanno parte del mondo di ogni persona.

Il bambino scopre che i genitori lo approvano oppure lo biasimano se fa qualcosa di sbagliato e che ci sono leggi vincolanti nella vita di tutti i giorni, a cui bisogna sottomettersi. Ancora non è in grado di rendersi conto che quando si sente in difficoltà, o inadeguato, oppure si vergogna di quello che ha fatto, dipende dalla sua coscienza. E quelle leggi per lui non sono impersonali, perché ai suoi occhi vengono personificate dai genitori che, ad esempio, lo obbligano a sedersi sul vasino e possono manifestare la loro insofferenza quando scoprono che, ciò nonostante, continua a farsi tutto addosso.

Punizioni fisiche, urla, costrizioni: tutto questo si abbatte su un bambino di poco più di un anno, suscitando in lui ansie fortissime e il desiderio di assecondare i genitori, anche se per molto tempo non gli sarà facile comprendere che cosa vogliano.

E in questo troviamo l'origine del conformismo, che non significa tanto adeguarsi a determinati comportamenti richiesti a livello sociale, quanto piuttosto mettersi psicologicamente in una posizione di soggezione e di compiacenza verso gli altri.

L'uomo d'ordine

La mania della pulizia e il bisogno maniacale dell'ordine nascono proprio nel periodo in cui i bambini vengono educati al controllo sfinterico. Casalinghe che ossessivamente lavano e rilavano le mattonelle della cucina, oppure uomini d'ordine che si attengono col massimo scrupolo alle leggi e alle norme sociali, sembrano tutti voler continuamente dimostrare che ogni cosa è al suo posto.

Ma allora perché la casalinga non è mai soddisfatta di

come ha pulito la cucina e deve rimettere mano alla spugna per essere sicura che non sia rimasto più un filo di sporco fra le mattonelle? E perché l'uomo d'ordine deve applicare le norme in modo addirittura più rigido delle leggi stesse?

Al fondo di queste persone serpeggia sempre il dubbio che lo sporco e il disordine non siano stati del tutto eliminati. Proprio da questo dubbio nasce il bisogno di rassicurarsi pulendo più a fondo e, se non basta una volta, tre volte, nove volte, perché i multipli di tre garantiscono che le cose siano fatte nel miglior modo. Lo stesso vale anche per l'uomo d'ordine: egli deve garantire che le leggi siano veramente applicate e che non ci siano disordine e confusione. Fino a trasformarsi, a volte, in un giustiziere e punire quelle persone che rappresentano ai suoi occhi l'origine di tutti i mali.

Cerchiamo ora di esplorare il rapporto fra il carattere di queste persone e il periodo in cui è avvenuta l'educazione sfinterica. Ne parla Freud in un suo scritto del 1908, riferendosi a persone «particolarmente ordinate, parsimoniose e ostinate» che ha avuto la possibilità di incontrare nel suo lavoro analitico.[3]

Come in un complesso cruciverba, Freud cerca di ricostruire le parole e i legami mancanti. In tutte queste persone, come anche nella casalinga di cui abbiamo parlato, vi sarebbe una strana e torbida attrazione verso lo sporco, che deve essere negata con ogni mezzo e addirittura cancellata attraverso i comportamenti quotidiani. E lo sporco è con ogni evidenza correlato col piacere anale, ossia col gioco inconsapevole di trattenere le feci, come succede, ad esempio, nella stitichezza. Il carattere particolarmente ordinato servirebbe a dimostrare che non si ha nulla a che fare con lo sporco e col disordine, che viene ad assumere un significato equivalente. E quanto più la minaccia di cedere alle lusinghe del piacere è forte, tanto più c'è bisogno di dimostrare il contrario.

Nel *Conformista* Moravia traccia il percorso che conduce

un bambino a essere un uomo d'ordine. Così scrive a proposito del signor Clerici, protagonista del romanzo:

Camminando piano per le strade affollate e piene di sole cercò di stabilire un paragone tra il se stesso di diciassette anni prima e quello di adesso. Ricordò che a tredici anni era stato un ragazzo timido, un po' femminile, impressionabile, disordinato, fantastico, impetuoso, passionale; adesso, invece, a trenta, era un uomo per nulla timido, anzi perfettamente sicuro di sé, del tutto maschile nei gusti e negli atteggiamenti, calmo, ordinato fino all'eccesso, quasi privo di immaginazione, controllato, freddo. Gli pareva, inoltre, di rammentare che c'era stata in lui, allora, una ricchezza tumultuosa e oscura. Adesso, invece, tutto in lui era chiaro sebbene, forse, un poco spento, e la povertà e rigidezza di poche idee avevano preso il posto di quella generosa e confusa abbondanza.[4]

La metamorfosi si è compiuta nel mondo del signor Clerici: le torbidità e le confusioni istintuali che avevano minacciato la sua adolescenza sono state ormai sopite, sotto un'armatura di buone maniere e di comportamenti conformistici, diventati necessari per fugare dubbi e paure che a volte, nel fondo della coscienza, possono riaffacciarsi.

Il bambino non è malvagio, è cattivo

Nell'*Interpretazione dei sogni*,[5] pubblicato nel 1900, un capitolo è dedicato ai sogni in cui muoiono persone care. Secondo la ricostruzione analitica fatta da Freud, essi esprimerebbero in modo trasfigurato i desideri infantili di sopprimere un fratello o una sorella. Parlando del carattere del bambino, Freud ci dà un'immagine che lascia un po' sconcertati:

È assolutamente egoista, sente intensamente i suoi bisogni e, senza curarsi di altro, tende a soddisfarli ... Ma non per questo chiamiamo il bambino «malvagio»: lo chiamiamo «cattivo»; delle sue male azioni è irresponsabile sia di fronte al nostro giudizio sia di fronte alla legge penale.[6]

Che cosa vuole intendere Freud con questa frase piuttosto oscura?

Le sue parole delineano l'immagine di un bambino preso solo da se stesso, deciso a soddisfare i propri istinti, incapace di tener presenti gli altri e soprattutto privo di moralità. Come scrive Freud nelle righe successive, la moralità è qualcosa che interviene in un secondo tempo, «un io secondario che si sovrapporrà a quello primario e lo inibirà».[7]

Nel libro viene formulata, in modo ancora embrionale, l'idea che il bambino possa esprimere precocemente l'aggressività nei confronti degli altri: questa sarebbe la sua «cattiveria». L'aggressività, pertanto, sarebbe qualcosa di istintuale, presente addirittura alla nascita, come poi Freud teorizzerà in forma più completa negli scritti successivi. E proprio dalla dotazione istintuale, sessuale e aggressiva, con cui il bambino e l'uomo sono costretti a fare i conti, nascerebbero in loro i sensi di colpa.

Secondo lo psicoanalista francese Lebovici[8] il bambino si sente «malvagio», ossia colpevole, perché fa proprie le riprovazioni che, a torto o a ragione, attribuisce ai suoi genitori e agli adulti. Come si vede i sentimenti di colpa solo in parte dipenderebbero dal comportamento dei genitori, e sarebbero piuttosto legati in gran parte alle fantasie che il bambino proietta sugli adulti, ai quali attribuisce una funzione normativa e punitiva.

Sempre in questo libro Freud propone in chiave metaforica il mito di Edipo, che rivive, in ogni famiglia, nei sogni, nelle fantasie e nei comportamenti dei genitori e dei figli. La famiglia originaria – quella che secondo la leggenda aveva dato alla luce Edipo e viveva a Tebe – è dominata dagli istinti e dalle passioni più sfrenate: una famiglia da incubo, in cui i figli possono uccidere il padre e accoppiarsi con la madre.

Per sventare la futura tragedia, preannunciata dagli indovini, i genitori di Edipo decidono di abbandonarlo, perché hanno paura della sua cattiveria. Ma se il figlio è cattivo, i genitori che lo vogliono abbandonare e far morire sono malvagi. Per fortuna all'io primitivo della famiglia si sovrappone un io familiare secondario, cioè nella leggenda la famiglia di Corinto che adotta Edipo e lo alleva fino alla maggiore età.

È questa la famiglia sociale il cui scopo è garantire la continuità, far nascere e crescere i figli fino a che prenderanno il posto dei genitori. Ma per evitare che ricompaiano le confusioni e i pericoli della famiglia di Tebe è necessario che a Corinto vengano stabilite regole di comportamento e principi morali.

L'epilogo della leggenda esprime pessimismo sul futuro dell'umanità: le regole e la morale non riescono a tenere a freno e a esorcizzare la violenza delle pulsioni. Quando Edipo entra nella giovane età, queste prendono di nuovo il sopravvento, provocando la dissoluzione della famiglia. Affranto per i suoi delitti contro i genitori, egli si acceca e si condanna a vivere come un esule, senza patria e senza famiglia.

La conclusione del dramma edipico comporta per il protagonista il riconoscimento della propria colpa e l'inevitabile espiazione che lo accompagnerà per tutta la vita. È questo il prezzo per essersi lasciato travolgere dalle pulsioni, una colpa che Edipo, ma anche i suoi genitori, non sono riusciti a identificare, nonostante gli indovini l'avessero prevista.

Ma torniamo al bambino che si rivolge al mondo sociale per sfuggire il pericolo delle pulsioni, che rischiano di travolgerlo e di compromettere il suo rapporto con i genitori. Questi lo disapprovano e lo puniscono, ma sono anche un potente argine contro le pulsioni, insite nella natura umana. C'è in Freud l'idea che la struttura originaria dell'uomo sia fondamentalmente cattiva, perché le pulsioni rappresentano una spinta irrefrenabile e cieca, che vuole solo la totale soddisfazione erotica e la distruzione della vita.

E solo la morale e l'esistenza civile organizzata potrebbero permettere la sublimazione delle pulsioni, ossia un loro addomesticamento che non comprometterebbe la vita sociale. È una versione diversa del peccato originale, che continua a pesare nella storia dell'uomo e che ogni volta deve essere esorcizzato al momento della nascita con l'atto del Battesimo. La psicoanalisi, come è stato più volte scritto, accoglie in sé la tradizione giudaico-cristiana che costituisce la base, non sempre riconosciuta, della sua antropologia.

Come abbiamo visto l'io umano sarebbe profondamente diviso, fra un io primario governato dall'egoismo e dalla soddisfazione personale e un io secondario che si deve sovrapporre all'altro introducendo ordine e moralità. Ma l'io primario è in agguato e può sempre riemergere, come ad esempio nell'isteria.

Il prezzo inevitabile di questa divisione sarebbe, secondo Freud, la nevrosi, che nascerebbe non solo dalla repressione inevitabile delle pulsioni, ma anche dai sentimenti di colpa che la vita sociale deve generare fra gli esseri umani per consentire loro di sopravvivere. La morale diventerebbe una necessità per sentirsi a posto con la propria coscienza e per liberarsi dai sentimenti di colpa.

Queste formulazioni di Freud sono andate incontro a successive revisioni, anche nella sua stessa opera e in quella dei suoi allievi. In particolare Melanie Klein rilegge in chiave diversa il contrasto freudiano fra io primario e io secondario. Mentre in Freud l'io primario è quello dei bisogni pulsionali, nella psicoanalista austriaca è quello delle fantasie inconsce alimentate dalle pulsioni, soprattutto dalla pulsione di morte. Il mondo del lattante avrebbe una fisionomia fosca e apocalittica, popolata da figure minacciose che sono il frutto delle sue fantasie: streghe e fate, oppure maghi e cavalieri ideali, come viene raccontato in molte favole per bambini. E naturalmente il bambino per poter sfuggire a questo patrimonio tormentoso della sua specie deve rivolgersi ai genitori, perché lo rassicurino convincendolo che il mondo non è così minaccioso.

In un passo emblematico, la Klein descrive lo sviluppo del bambino come un passaggio dal mondo irreale delle sue fantasie apocalittiche al mondo della realtà, che dovrebbe riportare la luce nella sua vita.

Qualcosa di simile succede quando il bambino di pochi anni ha degli incubi notturni, si sente preda di terribili mostri che vogliono divorarlo; interviene allora la madre che lo sente strillare angosciato nel sonno. Il piccolo si risveglia al richiamo materno, ma ha ancora negli occhi i mostri dei suoi incubi e non riconosce la mamma che sta di fronte a lui. E lei è costretta a ripetere: «Sono io, è la tua mamma, non avere paura!».

Nella visione di Freud e ancor più in quella della Klein l'innocenza della gravidanza è ben presto sconfessata dal bambino, che è preda dei suoi istinti, tanto più insidiosi perché radicati nella sua biologia. E questa concezione ha portato per molto tempo a considerare la biologia come l'origine di ogni male umano, mentre la società e la cultura dovrebbero emendare queste tendenze originarie negative.

C'è da chiedersi in che misura non si riflettano, in un pensiero del genere, dei pregiudizi che solo adesso stiamo superando. Infatti se il neonato nascesse con questo patrimonio così sfavorevole alla vita sociale e al mondo delle relazioni, come avrebbe potuto sopravvivere l'uomo nel corso della sua storia? Il neonato deve subito rivolgersi agli altri esseri umani per trovare la protezione e la sicurezza necessarie alla sua sopravvivenza, e le fantasie minacciose verrebbero inevitabilmente a interferire con le sue prime relazioni, ostacolandone l'ingresso nel mondo dei suoi simili.

Ma forse l'universo umano descritto da Freud, quello dell'«uomo colpevole» secondo quanto ha scritto Kohut,[9] non riflette pienamente gli orizzonti dell'uomo odierno. Come abbiamo visto l'uomo colpevole ha costantemente a che fare con se stesso, con i rimorsi e con i sensi di colpa. Vive soprattutto all'interno del proprio mondo interiore, non sentendosi mai del tutto in pace con la propria coscienza, desideroso di trovare negli altri continue conferme e rassicurazioni. Somiglia, in questo, all'uomo della società asburgica dell'inizio secolo, di cui Freud fu uno dei più geniali testimoni e di cui descrisse la psicologia da attento osservatore dei comportamenti individuali e da clinico di estrema sensibilità. Società molto conformista quella asburgica, che al pari di quella vittoriana inglese manifestava una vera e propria fobia verso la sessualità; era tuttavia anche una società in cui pulsava un cuore di tenebra, fortemente attraversata da sommovimenti profondi e inquietudini che avrebbero ben presto condotto alla dissoluzione dell'impero. Tale duplicità fra, da un lato, il mondo delle apparenze e delle convenzioni sociali, e dall'altro quello dei desideri sotterranei e dei turbamenti che tormentavano le coscienze individuali, creava a livello psicologico conflitti insanabili.[10]

L'educazione può prevenire la nevrosi?

Questa visione dell'uomo aveva in sé forti implicazioni pedagogiche, perché l'educazione in primo luogo avrebbe dovuto esorcizzare la bestia sempre in agguato in ognuno di noi, incompatibile con la sopravvivenza della specie umana. Solo le regole e le interdizioni culturali avrebbero potuto cercare di mitigare queste spinte anomiche, che avrebbero portato il bambino, secondo la metafora edipica, a congiungersi sessualmente con la madre e a uccidere il padre, suo eterno rivale.

E mentre agli inizi Freud riteneva che, con il cambiamento dei metodi educativi, si potesse mitigare, se non addirittura estirpare, il conflitto psichico fra l'Es e il Super-io, da cui originerebbero le nevrosi, in seguito la sua visione divenne molto più pessimistica. Come scrisse ne *Il disagio della civiltà*,[11] la sopravvivenza della comunità umana avrebbe comportato un grado di repressione così forte da inibire e frustrare i bisogni di soddisfazione di ogni persona. E a questo proposito Freud volle sottolineare «il senso di colpa come il problema più importante dell'incivilimento e ... dimostrare che il progresso civile ha un prezzo, pagato in perdita di felicità a mano a mano che aumenta il senso di colpa».[12]

Il tema della repressione degli istinti è stato fortemente rilanciato dal sociologo Marcuse e dalla contestazione studentesca del Sessantotto. Sotto accusa in quegli anni era la repressione addizionale, non giustificata dalla necessità di tenere a bada le pulsioni, ma legata piuttosto alla conservazione del potere da parte delle classi dominanti.

Le idee antiautoritarie degli studenti, enunciate da slogan come «la fantasia al potere», non sono riuscite a cambiare la struttura del potere nella società, tuttavia hanno inciso a fondo sul modo di concepire se stessi e i rapporti nella famiglia e nel gruppo. Probabilmente esse hanno segnato il tramonto dell'etica contadina basata sulla rinuncia e sulla mortificazione personale, e divenuta troppo antiquata per le nuove frontiere internazionali dell'industrializzazione avanzata e del grande network di comunicazioni che cominciava a svilupparsi in quegli anni.

Infatti l'uomo colpevole rispondeva alla logica del «mi spezzo ma non mi piego», troppo rigida e ancorata al passato per consentirgli di capire e adattarsi ai grandi cambiamenti che ormai erano nell'aria. Sottoposte alle pressioni e ai ricatti morali del Super-io, le persone che si sentono colpevoli sono sempre molto incerte e dubbiose, anche se spesso tendono a nasconderlo prendendo posizioni di una coerenza addirittura ferrea, incapaci di tornare sui propri passi e di trovare compromessi soddisfacenti.

Spesso il carattere di queste persone viene mal interpretato: le si ritiene forti solo perché non vogliono in nessun modo rinunciare al proprio punto di vista. Invece, nell'intimo il dubbio continua a tormentarle, come riflesso del Super-io che non dà tregua, rendendo loro difficile il rapporto con se stesse. Se non esiste una sicurezza interna basata sull'autostima, l'unica strada possibile è adeguarsi all'ordine costituito e accettare conformisticamente i comportamenti ritenuti più desiderabili sul piano sociale.

Gli uomini d'ordine devono dimostrare a se stessi e agli altri che tutto procede nel migliore dei modi e devono esorcizzare ogni pericolo di confusione e di anarchia. E questo non vale solo per lo sviluppo della personalità, ma anche per la patologia, in cui è in primo piano il conflitto col Super-io.[13]

Col Sessantotto veniva sancita la fine di un'epoca e venivano definitivamente sotterrate le grandi ideologie e i valori che avevano guidato le generazioni precedenti. E proprio nel momento in cui i giovani affermavano i valori collettivistici del marxismo, di fatto ne decretavano la fine attraverso slogan e parole d'ordine che rilanciavano la dimensione personale e il mondo soggettivo.

Una famiglia della Vienna asburgica

Vienna, ottobre 1900. Un signore di mezz'età e una ragazza suonano al portone di un austero palazzo residenziale, situato in Berggasse 19. La giovane segue con aria intimidita l'uomo, che è suo padre: ha una lunga gonna di lana, una giacca attillata da cui si intravvede una camicia bianca dal collo alto, un cappello che le nasconde i capelli raccolti. Questo potrebbe essere l'inizio del racconto del caso di Dora,[14] prima che la ragazza e suo padre entrassero nel gabinetto del dottor Freud.

Come sappiamo, quello di Dora rappresenta il più noto caso clinico di un'adolescente nella storia della psicoanalisi. Dalla sua storia clinica, sappiamo che Dora presentava fin dall'età di dodici anni dolori emicranici e accessi di tosse nervosa. In seguito, poco prima del trattamento psicoanalitico, aveva manifestato un sintomo particolarmente fastidioso, la perdita totale della voce, che forse l'aveva convinta a intraprendere l'analisi con Freud. Ma ciò che preoccupava i genitori erano anche alcuni suoi comportamenti. Come scrive Freud, era una ragazza che «cercava di evitare le relazioni sociali ... e dopo una banale discussione fra padre e figlia, quest'ultima fu per la prima volta colta da svenimento».

Leggendo la storia familiare di Dora siamo in grado di ricostruire il contesto familiare in cui crebbe e la vita che conduceva.[15] Dora era lo pseudonimo usato da Freud per proteggere l'anonimato della sua paziente, che in realtà si chiamava Ida Bauer e apparteneva a una famiglia ebraica proveniente dalla Boemia. Nel 1899 si erano trasferiti a Vienna dove avevano trovato un preoccupante clima antisemita, nonostante gli sforzi che la comunità ebraica aveva fatto per integrarsi nella società asburgica.

La figura dominante del «circolo familiare», come ricorda Freud, era il padre di Dora, Philipp Bauer, «un uomo intorno ai cinquant'anni ... con un talento e un'attività non ordinari, un industriale in condizioni prospere». Philipp era il capofamiglia in una società patriarcale, in cui l'autorità maschile era solidamente basata sulla tradizione, e che d'altra parte era rappresentata in modo tangibile dal forte ruolo di guida dell'imperatore e dalla efficienza del Codice civile austriaco.

Da giovane Philipp aveva contratto la sifilide, eventualità questa piuttosto frequente in quegli anni, anche perché allora ci si sposava solo quando si aveva raggiunto un'autonomia personale e sociale, e nel frattempo le esperienze sessuali prematrimoniali erano severamente vietate.

A ventotto anni, Philipp sposò una ragazza ebrea più giovane di lui e dal matrimonio nacquero due figli, prima Otto e, dopo quattordici mesi, Dora. In seguito, quando i bambini erano ancora piccoli, egli si ammalò di tubercolosi e dovette trasferirsi con la famiglia a Merano, dove le condizioni climatiche erano più favorevoli alla sua salute.

La signora Bauer a sua volta contrasse dal marito la gonorrea, malattia che, in un'epoca in cui non esistevano ancora gli antibiotici, comportava conseguenze fisiche anche molto gravi. Dora sapeva che la madre aveva contratto la malattia dal marito, ma riteneva che si trattasse della sifilide. E l'aveva più volte accompagnata quando doveva sottoporsi a terapie termali per curare i suoi disturbi vaginali.

Freud descrive la madre di Dora come una donna gretta e poco interessante, affetta da «nevrosi della casalinga», che con la figlia aveva un rapporto di scarsa intimità. Le persone che venivano in contatto con lei erano immediatamente colpite dalla sua ossessione per la pulizia della casa, che per lei non era mai abbastanza perfetta. Aveva imposto alla famiglia regole rigide per non sporcare, come togliersi le scarpe prima di entrare, e il venerdì rimanere tutti fuori perché era il giorno della pulizia completa dell'appartamento. Per garantirsi che alcune stanze comuni rimanessero pulite durante la settimana, le teneva chiuse a chiave.

Così succedeva che il signor Bauer non potesse fumare il sigaro al di fuori del suo studio. E addirittura una volta chiese alla figlia di prendergli un bicchiere di brandy, ma gli fu impossibile ottenerlo perché sua moglie aveva chiuso a chiave il mobile: solo dopo che Dora glielo ebbe chiesto cinque volte, la madre accettò finalmente di aprirlo.

In famiglia, secondo quanto ci viene raccontato, la signora Bauer con le sue compulsioni tiranniche creava un clima di deprivazione affettiva, in cui il marito e i figli non ricevevano né gioia né calore. Era presa costantemente dalla cura del proprio corpo e attorno alla sua stitichezza ruotava tutta la sua vita.

Di fronte alle compulsioni della signora Bauer ognuno reagiva a suo modo. Il figlio Otto accettava i rituali materni con una certa passività, se all'età di diciannove anni non protestava quando la madre, di sera, lo chiudeva a chiave nella sua stanza da letto. Dora e il padre erano molto meno accomodanti ed esasperavano la signora Bauer perché si rifiutavano di sottostare alle sue regole. E nonostante gli sforzi della madre di coinvolgere Dora nella gestione della casa, la figlia opponeva continui rifiuti.

Le manie ossessive della signora Bauer rispondevano certo a impulsi profondi, in parte legati alla sua rabbia inespressa per essersi dovuta trasferire a Merano, per aver contratto la blenorragia, per le infedeltà del marito e per il disprezzo che avvertiva da parte di sua figlia. E non può sfuggire il fatto che la sua ostinata e implacabile pulizia fosse un atto ostile, perché in questo modo la donna aveva reso la casa invivibile alla famiglia. Non faceva che ripetere ai familiari: «Se vivi qui in casa, devi accettare le mie regole».

Otto era sempre stato un bambino precoce, l'orgoglio dei genitori. A Merano aveva frequentato il Gymnasium, riservato ai maschi, dove si studiava latino, greco, letteratura e lingua tedesca, storia e geografia, programmi abbastanza simili a quelli del liceo classico. Dora al contrario, in quanto femmina, fu costretta a iscriversi a una scuola religiosa per ragazze, dove venivano insegnate, oltre alla matematica e alle lingue moderne, materie a indirizzo domestico.

Questa differenza di trattamento fra i due sessi rifletteva il carattere dell'epoca, e aveva forti conseguenze sociali e naturalmente psicologiche. All'età di diciotto anni, mentre Otto usciva dal Gymnasium con una solida preparazione, pronto ad affrontare nuovi traguardi, Dora, al contrario, appariva una ragazza vulnerabile, fortemente limitata da disturbi psicologici.

Una ragazza isterica in cura dal dottor Freud

La patologia psichica di Dora, riassumendo, aveva preso corpo nella famiglia Bauer che, come abbiamo visto, era abbastanza tradizionale. Il padre era un uomo determinato e di costumi sessuali piuttosto liberi, mentre la madre era una donna continuamente tormentata dalle insoddisfazioni e dai risentimenti. Lo sfondo era rappresentato dalla società patriarcale viennese, in quegli anni percorsa da violente reazioni antisemite che creavano nella famiglia Bauer una grande insicurezza.

Nella sua infanzia Dora era stata una bambina estremamente attiva, addirittura «selvaggia», come scrive Freud. Dai suoi ricordi apprendiamo che continuò a succhiare il petto della balia e poi il proprio dito fino all'età di quattro-cinque anni, quando il padre intervenne a bloccare quest'abitudine. Allorché la famiglia si trasferì a Merano per lo stato di salute del signor Bauer, Dora prese a passare molto tempo con lui, e gli si legò in modo particolare. Negli anni precedenti l'adolescenza questo rapporto divenne ancora più intenso e Dora si prese cura del padre, che presentava vari malanni.

È probabile che i contatti fisici con il genitore, giustificati dalla malattia, riattivassero in lei sentimenti ambivalenti e attaccamenti erotizzati. A livello inconscio, possiamo pensare che la bambina fosse disturbata da forti sensi di colpa, anche perché sentiva di spodestare la madre, prendendo il suo posto accanto al padre. I sintomi somatici, che Dora cominciò a presentare abbastanza presto, avevano l'inconscio significato di mitigare tali sensi di colpa, consentendole nello stesso tempo di mantenere la relazione col padre, così fortemente erotizzata a livello somatico. Non è irrilevante che il suo primo sintomo isterico fosse costituito da difficoltà respiratorie, che lei aveva certo osservato nel padre, sofferente di tubercolosi polmonare.

Fin dai sette-otto anni Dora iniziò a manifestare misteriosi disturbi fisiologici che allarmavano i suoi genitori. Nello stesso periodo l'intimità col padre, per il miglioramento della sua salute, cominciò a venir meno e questo comportò un profondo cambiamento nel carattere della bambina, come nota lo stesso Freud, con uno spostamento delle sue identificazioni dalle figure maschili a quelle femminili.

Col padre, Dora frequentava con regolarità una famiglia amica, i signori K. E qui il quadro si complica ancor di più. Mentre infatti la signora K. assisteva affettuosamente il padre di Dora, il signor K. tentò con la ragazza ripetuti approcci amorosi. Il padre di Dora, venuto a conoscenza dalla figlia dell'ultimo tentativo di seduzione, lo aveva minimizzato, ritenendo forse che si trattasse solo di fantasie. Ignorava, è sempre Freud a riferirlo, che il signor K. aveva già tentato di baciare la ragazzina quando aveva solo quattordici anni. Era stata per lei un'esperienza nauseante che spesso riviveva con forte fastidio, sentendo ancora sul proprio corpo la pressione dell'abbraccio di quell'uomo.

Nel periodo dell'adolescenza, con le imbarazzanti frequentazioni dei signori K., le manifestazioni fisiche di Dora divennero ancora più invalidanti. Nel suo corpo si scontravano l'eccitazione sessuale provocata dalla sua intimità col mondo degli adulti, in primo luogo col padre e poi col signor K., e le limitazioni isteriche che paralizzavano il suo organismo di adolescente.

La storia di Dora esemplifica molto bene il doppio codice morale che vigeva nella società asburgica: da una parte l'innocenza pubblica, con un rispetto totale delle convenzioni, e dall'altra una conoscenza della vita sessuale abbastanza sorprendente. I genitori stessi riproducevano questo schema a due livelli nei rapporti con la figlia: la proteggevano dal mondo della sessualità mettendole accanto una governante e mandandola a una scuola religiosa, ma, insieme, le consentivano l'intimità fisica col padre e le lasciavano ascoltare i discorsi degli adulti, anche quando trattavano argomenti particolarmente scabrosi. Inoltre Dora intratteneva un rapporto col signor K., che le faceva regali, le mandava fiori e cartoline, senza che i genitori sollevassero obiezioni.

Durante il breve trattamento psicoanalitico, la ragazza raccontò a Freud due sogni che rappresentarono per lui importante materiale clinico su cui basare la teoria sull'origine sessuale delle nevrosi. Nel primo sogno, Dora è coinvolta nell'incendio di casa: la madre vuole portare in salvo lo scrigno di gioielli, ma il padre interviene, dicendo che non intende far correre dei pericoli ai suoi figli a causa dello scrigno. Nell'interpretazione di Freud viene evidenziato il complesso intreccio fra le fantasie erotiche infantili e quelle adolescenziali, a cui Dora temeva di cedere. La figura del signor K., infatti, suscitava in lei desideri e fantasie sessuali, da cui cercava di sottrarsi rifugiandosi nel legame edipico col padre il quale, come è evidente nel sogno, l'avrebbe dovuta proteggere dall'incendio sessuale che stava sviluppandosi in lei nel corso dell'adolescenza.

Anche nel secondo sogno – quello in cui Dora si aggira da sola in una città sconosciuta e poi, tornata a casa, viene a conoscenza della morte del padre e va in cerca della stazione – Freud ricostruendo la trama associativa mette in luce il ruolo delle fantasie erotiche, non «un deus ex machina che interviene isolatamente in un qualche punto del meccanismo caratteristico dei processi isterici, ma ... al contrario la forza motrice».

Nel poscritto, Freud esplicita la propria tesi centrale: «Io non posso che ripetere in ogni occasione, perché in ogni occasione ne ho la riprova, che la sessualità è la chiave del problema delle psiconevrosi e delle nevrosi in genere. Chi la disdegna, non sarà mai in grado di forzare l'accesso».

È probabile che la propensione di Freud a ricercare i nessi sessuali nel materiale clinico, se da una parte gli consentiva di forzarne l'accesso, dall'altra creava inevitabilmente un procedimento circolare per cui egli non poteva che scoprire ciò che si aspettava di trovare. In ogni caso, attraverso il rapporto intenso e profondo con i suoi pazienti, fra cui Dora, era in grado di cogliere dinamiche psicologiche sessuali che solo con questo metodo potevano essere riconosciute appieno. E che nella Vienna di inizio secolo la repressione della sessualità, in ogni sua forma, fosse la caratteristica peculiare della società asburgica è ampiamente documentato dalla storia, dalla letteratura e dall'arte. Pensiamo per esempio alla novella di Arthur Schnitzler *Fräulein Else*, in cui possiamo trovare profonde risonanze con l'opera freudiana.

Per ritornare a Dora, è certo verosimile che le fantasie sessuali ed edipiche entrassero in modo travolgente nel suo mondo psichico e nei suoi sogni, anche se le sue censure intervenivano continuamente a rimuovere e ad allontanare dalla coscienza i suoi desideri. Ed essendo la famiglia, durante l'adolescenza, il luogo centrale di socializzazione, si può senz'altro ipotizzare che la ragazza vivesse in modo particolarmente intenso le dinamiche familiari. Come abbiamo visto, Dora partecipava con grande turbamento ai tradimenti paterni e alle proprie vicissitudini sentimentali con il signor K.

In quest'ottica le dinamiche edipiche, riattivate dall'adolescenza, venivano alimentate da un contesto di sviluppo i cui orizzonti coincidevano con la famiglia e gli amici dei genitori.

Sempre a proposito di Dora si può rilevare che una società sessuofobica come quella asburgica, se da una parte vietava la soddisfazione dei desideri e il compiacimento narcisistico per il proprio corpo, dall'altra contribuiva a creare una psicopatologia femminile in cui il corpo diventava il luogo privilegiato di espressione dei conflitti psichici.

Come gli altri pazienti che si rivolgevano alle cure del dottor Freud, Dora ci aiuta a comprendere il significato dei suoi conflitti personali, dovuti al contrapporsi dei desideri sessuali, riattivati dall'adolescenza, e delle norme morali che le vietano di accettarli e di soddisfarli. Con i suoi sintomi isterici la ragazza rinuncia al proprio corpo femminile che diventa solo un corpo malato, affetto da gravi limitazioni. In questo ambito la perdita della voce simbolizza in modo emblematico la rinuncia a far parlare il corpo, che durante l'adolescenza non può che usare il linguaggio della sessualità. Eppure l'isteria, proprio perché interessa il corpo, consente di mantenerlo al centro dello scenario, luogo di espressione dei conflitti e oggetto di cure e di attenzioni.

Va poi detto che le dinamiche psicologiche di cui si è parlato a proposito di Dora si inserivano in un contesto sociale nel quale la donna non doveva esprimere né rabbia né opposizione. E dal momento che la vulnerabilità faceva parte dell'immagine femminile ideale, il corpo diventava un canale privilegiato per esprimere i suoi conflitti personali. Allo stesso tempo i sintomi, per lei che non poteva manifestare apertamente la propria ostilità, erano anche un modo indiretto di emergere, sia pure in modo passivo, e di riuscire a manipolare le persone intorno a lei.

Accanto all'isteria, in cui il conflitto si materializza a livello corporeo, anche altre nevrosi esprimevano in forma emblematica la patologia delle regole. Nella nevrosi ossessiva, di cui verosimilmente soffriva la madre di Dora, il bisogno di una normativa vincolante e di certezze incrollabili sembra diventare addirittura una caricatura di quei valori, con una ricerca esasperata di ordine, pulizia, conformismo, sempre minati dal dubbio che non lascia mai tregua.

«Non l'ho fatto così bene come avrei dovuto farlo!» dice a se stesso un giovane che soffre di nevrosi ossessiva, il quale prima di andare a dormire va a chiudere il rubinetto del gas e gira la chiave della porta di casa e, convinto di non averlo fatto con la dovuta precisione, si ripete senza tregua: «È meglio che vada a controllarlo. Ma non una volta sola, lo controllerò tre volte per essere più sicuro». Il dubbio come un tarlo corrode le sue certezze: tre volte non sono sufficienti, è meglio fare altri controlli, nove volte e se questo non è sufficiente ventisette, con l'idea scaramantica che il numero tre e i suoi multipli abbiano un significato addirittura magico, che serve a scongiurare i pericoli e le angosce.

Dentro questa ragnatela di rituali il giovane ossessivo,

come tutti i pazienti affetti dalla stessa nevrosi, rimane intrappolato, nell'impossibile tentativo di placare il severissimo Super-io che lo schiaccia, facendolo sentire colpevole e pieno di scrupoli che a loro volta gli paralizzano la vita.

IV
Balliamo insieme

Adesso tocca a te

Spostiamo ora l'ottica su quello che succede oggi in famiglia. È rimasto invariato il quadro che abbiamo descritto nei capitoli precedenti, oppure il rapporto madre-bambino assume oggi, fin dalla nascita, ritmi diversi? Valgono ancora le stesse norme in famiglia, oppure i meccanismi di regolazione personale si sviluppano attraverso percorsi diversi?

Occorre premettere che per molto tempo si è studiato lo sviluppo del lattante secondo una particolare prospettiva che si limitava a prendere in considerazione le tappe della sua crescita individuale. Lo stesso Freud, parlando del neonato, lo paragona a un uovo protetto dal guscio, al cui interno si trovano le sostanze nutritive necessarie per farlo crescere.[1] Questa visione del bambino chiuso nella sua monade e isolato dal mondo[2] è stata dominante nella psicoanalisi per molti decenni, se ancora nel 1975 la famosa psicoanalista americana, Margaret Mahler, affermava che il lattante vivrebbe all'interno del suo guscio autistico, che lo proteggerebbe dal mondo esterno.[3]

Molta acqua è passata in questi venti anni e quelle affermazioni, che pur nascevano in campo scientifico, ci sembrano oggi molto datate. Osservazioni, ricerche, videoregistrazioni compiute di recente in campo infantile hanno finalmente permesso di aprire il guscio autistico che avvolgeva il bambino e che forse aveva più a che fare con quanti studiavano il suo sviluppo che con il bambino stesso. Il che sarebbe un'ulteriore dimostrazione di quanto i pregiudizi e i paradigmi ormai consolidati pesino sullo sviluppo della scienza, ostacolando nuovi punti di vista e favorendo al contrario conformismo e acquiescenza.

Entriamo dalla finestra per vedere quello che succede oggi fra una mamma e il suo bambino. Rosa è una giovane donna di 25 anni, che ha avuto da poco il suo primo figlio, Roberto. È seduta sul letto nella sua stanza e allatta il piccolo, che ora ha circa tre mesi. Roberto, fra le sue braccia, succhia vigorosamente il seno della madre. Rosa lo fissa in silenzio; nella stanza si sente solo il rumore ritmico del bambino che sta succhiando. Pian piano il ritmo della suzione rallenta e Roberto sposta lo sguardo dal seno, che occupava tutto il suo campo visivo, al soffitto.

Non appena Rosa si accorge che il piccolo tiene in bocca il capezzolo senza succhiare si avvicina a lui, quasi a volerne catturare l'attenzione. L'espressione del viso della donna sembra di sorpresa, gli occhi sgranati, le sopracciglia sollevate, la bocca aperta e la testa leggermente inclinata. Roberto è come ipnotizzato dall'espressione materna e continua a fissarla.

L'incontro si fa più serrato. Rosa, con un tono di voce piuttosto alto, ritma cantilenando le sue parole: «Eeehhh... ti è piaciuta la pappa che la mamma ti ha dato... eehh?!».

La bocca di Roberto comincia pian piano a incresparsi finché si apre in un grande sorriso. E dopo una pausa prolungata, quasi si aspettasse la risposta del figlio, la donna prosegue: «Eh, lo so che la pappa di oggi ti è piaciuta, ieri invece non era tanto buona!».

Roberto le sorride ancora guardandola e poi lentamente sposta la sua attenzione verso il lampadario che pende dal soffitto. E Rosa, dopo aver atteso per un po', prende il suo seno e mette il capezzolo nella bocca del figlio, che riprende a succhiare col ritmo consueto.

È una breve sequenza, durata pochissimi minuti, eppure ci consente di capire molte cose di quello che sta succedendo fra Rosa e Roberto. Fra loro, potremmo dire, s'è già creato un complicato gioco delle parti. Infatti nelle prime sequenze è Roberto il vero protagonista, mentre la madre si limita a osservarlo, come se fosse lui a dare il ritmo al loro scambio.

Quando Roberto rallenta la suzione e prende fiato, i suoi occhi non sono più diretti verso il seno della madre e si spostano, come alla ricerca di nuovi oggetti. Rosa capisce che il figlio è adesso più disponibile all'incontro e cerca di catturarne l'attenzione, assumendo senza esserne consapevole un'aria di finto stupore. Il suo viso è così espressivo da richiamare l'attenzione del figlio. Rosa fa tutto questo intuitivamente, senza esserne cosciente: forse si è già resa conto che quando assume questa espressione Roberto è più attento e la fissa con grande interesse. Il tono della sua voce diventa più alto del solito e le sue parole hanno una particolare intonazione, quasi musicale. Non solo sa catturare l'attenzione del piccolo, ma sembra aver imparato a farlo sorridere.

Adesso è Rosa a essere protagonista: parla al figlio come se Roberto fosse in grado di capire le sue parole, addirittura gli si rivolge in un dialogo immaginario. Gli dice qualcosa, poi rimane in attesa, quasi aspettasse una risposta, per poi riprendere, lei, il suo turno di conversazione.

Per istinto Rosa, come la maggior parte delle madri, sa che quando il figlio succhia non bisogna distrarlo parlandogli troppo a lungo, altrimenti smetterebbe di succhiare. Per questo rimane in silenzio, perché ha imparato che in quel momento è il turno di Roberto.

Rosa segue con attenzione il figlio e si fa guidare da quello che fa Roberto. Non appena capisce che il piccolo si stacca dal seno per prendere fiato, tocca a lei farsi avanti. E sa come catturarne l'attenzione. Senza rendersene conto fa in modo di essere fortemente riconoscibile ai suoi occhi, accentuando tutti i tratti del proprio viso. Gli lancia anche un altro ponte: si rivolge a lui con un particolare tono di voce, iniziando un dialogo immaginario. Roberto, è naturale, non è ancora in grado di parlare, ma la madre gli concede il suo turno, iniziandolo alle regole del dialogo. Ora tocca a me e tu mi ascolti, poi toccherà a te parlare e io ti ascolterò.

Nell'interazione fra madre e figlio comincia a crearsi una specie di ritmo, fatto di turni e di pause, che prefigura i rapporti sociali futuri. E ognuno segnala all'altro la sua disponibilità al dialogo con una serie di comportamenti che diventano via via dei codici condivisi. Quando Rosa fissa Roberto, con un'espressione addirittura da caricatura, sta comunicando al figlio di voler interagire con lui. Allo stesso modo fa Roberto, che guarda fisso la madre e si scuote eccitato fino a sciogliersi in un sorriso soddisfatto, segnalandole la sua disponibilità a giocare con lei.

Madre e figlio sanno anche comunicarsi reciprocamente che l'interazione è finita. Per esempio, quando il secondo smette di sorridere, la prima comprende che vuole riprendere a succhiare. A sua volta Roberto comincia a capire che quando il volto della madre diventa inespressivo, lei non è più disposta a giocare e a interagire con lui.

Quello che è stupefacente in questi scambi iniziali è che la madre si comporta in un modo molto diverso rispetto a tutti gli altri scambi sociali. Guarda fisso negli occhi del figlio per un periodo molto lungo, assume espressioni quasi caricaturali, modula la voce con una particolare intonazione, si avvicina al viso del piccolo infrangendo tutte le distanze di sicurezza. In poche parole, è il dialogo dell'amore che si può intrecciare solo nei rapporti appassionati.

Scrive Daniel Stern:

A partire dai due mesi e mezzo, quando cioè sono in grado di mantenere uno sguardo fisso reciproco, i neonati (e le loro madri) possono passare anche più di un minuto incantati in un silenzioso sguardo reciproco. È importante notare che non fanno questo quando guardano altri oggetti. Uno sguardo reciproco prolungato senza parlare è un evento molto raro nella vita adulta. Se due adulti si guardano negli occhi senza parlare per più di cinque secondi è probabile che litigheranno o che faranno l'amore. L'uso dello sguardo reciproco tra genitori e bambini e tra amanti costituisce quindi un registro distinto.[4]

Come si diventa genitori

Questo rapporto speciale fra madre e bambino come nasce? Cominciamo in primo luogo a capire come si diventa madre.

Fin dall'infanzia la bambina comincia a fantasticare di fare a sua volta dei bambini, allattarli, cambiarli, portarli in carrozzina. Anche nei giochi prende corpo questa sua intensa vita fantastica: costruisce casette e cucine, cura le sue bambole, in poche parole si comporta come ha visto fare a sua madre. E per rendere l'identificazione ancora più vera, si infila le scarpe di lei, si mette le sue collane o i suoi braccialetti. L'illusione di essere come la mamma può farle dimenticare in alcuni momenti di essere ancora una bambina.

Ma se queste sono radici infantili della maternità, per certi versi colorate di onnipotenza, solo con l'adolescenza si compie un decisivo passo avanti nella capacità di diventare genitori. Il corpo, in questo periodo, raggiunge la completa maturazione e la ragazza diventa potenzialmente in grado di avere rapporti sessuali e generare dei figli.

Come è stato messo in luce dalla psicoanalista inglese Pines[5] le ragazze, già nel corso dell'adolescenza, cominciano a provare il desiderio di gravidanza, che significa avere un corpo maturo, in grado di mettere al mondo un bambino; e questo sentimento si intreccia col desiderio di maternità, legato più specificamente alla voglia di avere un piccolo di cui prendersi cura.

Solo durante la gravidanza, quando la donna è in attesa del figlio, avvengono le grandi trasformazioni psicologiche che le consentiranno dopo la nascita del bambino di potersi sintonizzare con lui. In quel periodo, vera e propria crisi nella storia femminile, la donna cambia e arricchisce in enorme misura la sua condizione personale: da figlia della propria madre si prepara a diventare a sua volta madre. Comincia così a trasformarsi anche nel modo di rappresentare se stessa, mentre mentalmente accetta il compito di prendersi cura e proteggere un essere piccolo e indifeso.[6]

Allo stesso tempo comincia a prendere corpo in lei l'immagine del futuro bambino che porta dentro di sé. All'inizio la sua presenza è indistinta: la donna sa che c'è qualcosa di nuovo dentro di lei, ma non riesce a visualizzarlo. Il corpo cambia, ma non c'è ancora la percezione del futuro bambino. Con le prime ecografie la nuova presenza diventa visibile agli occhi dei genitori, però sono i movimenti fetali a darne il vero annuncio. Non ci sono più dubbi: il bambino è vivo, si muove dentro il corpo della madre ed è anche molto attivo.

Si comincia a formare nella mente di lei l'immagine del figlio futuro, che diventa il centro di molte sue fantasie. La donna passa il tempo dell'attesa – anche se non più come in passato – lavorando a maglia, preparando golfini e vestitini per il piccolo. Gli indumenti che vengono confezionati, con i colori pastello e le dimensioni minuscole, cominciano a dare forma alla nebulosa che si sta addensando nella mente della donna e contribuiscono a mettere insieme i vari pezzi che costruiscono, come un puzzle, l'immagine del bambino. E la scelta dei nomi e le preferenze per il sesso – oggi poi, con l'avvento dell'ecografia, si sa fin dai primi mesi se è maschio o femmina – ampliano ancora di più l'area delle fantasie che vengono condivise con il proprio coniuge.

Anche il ruolo maschile è cambiato profondamente rispetto al passato. Una volta il padre entrava in campo solo nel momento in cui il bambino era in grado di camminare e di parlare e si apriva al mondo sociale, al di fuori della famiglia. Oggi invece la presenza dell'uomo è diventata sempre più importante anche in queste prime fasi:

condivide con la compagna la decisione di mettere al mondo il figlio, partecipa ai vari momenti della gravidanza, per esempio al corso di preparazione, è presente in sala parto, discute sul nome del bambino, contribuisce a dargli una forma e un'identità.

Anche la scelta del nome serve infatti a fissare le fantasie della coppia sul futuro neonato. Sarà un figlio che riscatterà i genitori e riuscirà là dove loro non sono riusciti? Sarà per la madre il compagno della vita, il bastone della vecchiaia? Ci sono poi situazioni in cui il bambino viene a colmare un posto vuoto, ad esempio quello di un fratellino morto.

In questo intreccio di fantasie la donna si prepara a diventare madre. E lo stato mentale in cui vive l'attesa le permetterà, una volta che il figlio sia nato, di ballare con lui e di trovare il ritmo che meglio si adatta alla loro coppia.

Su questa speciale condizione mentale della donna in gravidanza e nel primo anno di vita del bambino si è focalizzata l'attenzione della ricerca psicologica più recente, dopo un pionieristico articolo di molti anni fa di Donald Winnicott.[7] Lo psicoanalista inglese aveva parlato di uno stato psicologico particolare, che aveva definito *primary maternal preoccupation*: quello in cui la futura madre è completamente assorbita dalla presenza del figlio e perde di vista il mondo esterno, che continua senz'altro a esistere intorno a lei, ma non è più a fuoco, dal momento che al centro della sua attenzioe c'è appunto il bambino.

La particolare condizione che si stabilisce con la nascita del primo figlio è stata brillantemente descritta da Daniel Stern. Egli parla di costellazione materna,[8] un'organizzazione mentale temporanea che prepara la donna a essere madre. Durante il breve periodo in cui si afferma questa particolare costellazione, la vita della donna ne è completamente dominata e ogni altro aspetto della sua esistenza passa in secondo piano.

La donna si comporta come un'innamorata. Quando si

incontra col suo bambino, dopo averlo sognato e fantasticato per tanto tempo, le sembra di incontrare il principe azzurro: gli si lega con un'intimità impensabile in qualunque altro rapporto, gli si rivolge con un linguaggio musicale, fatto di vocalizzazioni non verbali, di parole inventate e nomignoli. Allo stesso tempo si stabilisce, in questo incontro, una speciale coreografia. La madre e il bambino si avvicinano e si allontanano in sincronia, si incontrano seguendo un ritmo profondo che solo loro due conoscono.

Si tratta del linguaggio dell'amore e della tenerezza. Anche il padre vi partecipa, ma senza quella passione esclusiva che si coglie nella madre. A questo proposito ricordo un recente incontro con una giovane mamma che spingeva la carrozzella con il figlioletto di due o tre mesi. Sapevo che la donna stava vivendo un momento di difficoltà col marito, il quale si comportava da qualche tempo in modo piuttosto distaccato, perché sentiva di aver dovuto subire la scelta della moglie. Lei mi fece vedere il suo bambino con un viso addirittura illuminato, la passione interna la trasformava. E mi disse: «Io sono totalmente innamorata di lui. Di tutto il resto non me ne importa niente: se mio marito mi trascura non ci faccio più caso, adesso ho lui che mi riempie la vita».

Madri regolatrici e madri facilitanti

Naturalmente non tutte le madri si comportano allo stesso modo. Esistono donne che si fanno prendere dal turbine affettivo della maternità e donne che mantengono i piedi ancorati a terra. Ne ha parlato la psicologa inglese Raphael-Leff,[9] secondo la quale durante la gravidanza e nel corso del primo anno di vita del bambino i due estremi sono rappresentati dalle madri facilitanti e dalle madri regolatrici. Se tuttavia queste sono situazioni estreme, quasi caricaturali, nella maggior parte dei casi ci troviamo di fronte ad atteggiamenti più sfumati che spesso coesistono.

Come abbiamo già visto, la madre facilitante si sa adattare ai ritmi del bambino, sostiene e asseconda le sue spinte evolutive, lasciandosi guidare dall'intuito e dalle comunicazioni e dai segnali che il bambino le manda. Per lei avere un figlio, che l'abbia voluto intenzionalmente o no, è un'esperienza centrale, che sente come un completamento della sua esistenza personale e di coppia. Si butta perciò nella gravidanza facendosi condizionare da quello che succede, dai cambiamenti del suo corpo e dalla presenza del figlio.

Il suo mondo si polarizza attorno a questa grande esperienza: dare alla luce un bambino e fargli da madre prendendosene cura e proteggendolo. E per entrare in sintonia con lui deve regredire psicologicamente, ossia rimettersi in contatto con la propria storia infantile, soprattutto in relazione alla propria madre: condizione necessaria per ritrovare canali di comunicazione e codici che appartenevano a un lontano passato. Tutto questo la porta quasi a distaccarsi dal mondo delle relazioni sociali e a vivere dentro di sé, sentendosi in alcuni momenti come il feto che porta nel suo corpo.

Dopo la nascita, il bambino la occupa quasi completamente e può anche succedere che il marito possa sentirsi in alcuni momenti escluso dall'intimità del loro mondo. Inizia così una storia d'amore col figlio, che durante il primo anno diventa il suo compagno inseparabile. Quando si deve separare da lui o lo deve affidare a qualcun altro se ne sente privata e non vede l'ora di riunirsi a lui.

Diversa è la madre regolatrice. Per lei esistono delle norme a cui cerca di attenersi. A un certo punto della vita, questa è la prima regola, è giusto che una donna abbia dei figli, perché sono un completamento della vita di coppia. Il bambino viene al mondo, in questo caso, in un momento favorevole per i genitori, quando ad esempio hanno un buon lavoro o una casa confortevole. La scelta del figlio ha molte motivazioni razionali e viene compiuta in modo da realizzare un sufficiente equilibrio fra ragione e sentimenti.

La gravidanza in questo caso non interferisce più di tanto nella vita della donna, che non se ne vuole far condizionare: continua a lavorare, a volte non rinuncia a sciare o a fare sport, cerca in ogni modo di nascondere la pancia, quasi a dimostrare che la sua esistenza prosegue come prima. Sente come una minaccia i grandi cambiamenti fisici ed emotivi e deve dimostrare che il proprio sé non ne è influenzato.

Quando il bambino nasce, la madre non si lascia andare e tende a imporgli routine e abitudini a cui il piccolo si deve adattare. Il suo motto è che ogni bambino deve essere guidato dalla madre, che lo deve educare per evitare che diventi troppo viziato o lagnoso. Il lattante viene precocemente socializzato, perché anche questa è considerata una tappa necessaria che lo porterà a diventare una persona controllata e matura.

Il piccolo ballerino

Se la madre è una ballerina capace, che si è preparata durante la gravidanza, e anche prima, per incontrarsi con questo suo partner speciale, anche il bambino, a sua volta, non va impreparato all'incontro. Anzi, le ricerche degli ultimi anni ci hanno fatto scoprire un neonato che viene al mondo già predisposto a interagire con le persone, ossia a fare i primi passi di ballo con la madre e con gli altri adulti. Ricorrendo a un aggettivo quasi impersonale si parla nei testi scientifici di neonato competente, come a sottolineare tali sue capacità, prima quasi totalmente misconosciute.

Fin dalla nascita il bambino si orienta verso il viso umano e ricerca il contatto delle persone con gli occhi, capacità questa tipicamente umana. Infatti quando avviene l'incontro fra persone diverse ci si guarda subito negli occhi, quasi a voler accendere il contatto. Ben presto, però, il neonato impara a riconoscere il suono della voce della madre e addirittura il suo odore. Ed è in grado di imitare le espressioni degli adulti, come ad esempio tirare fuori la lingua.

Ma quello che è particolarmente stupefacente è la sua capacità, fin dal primo mese, di abbinare le sensazioni tattili provenienti, ad esempio, dal ciuccio che stringe nella mano con gli stimoli visivi, quando mette il ciuccio a pochi centimetri dai suoi occhi. Questa capacità di percezione amodale,[10] come è stata chiamata da Stern, costituisce un grande passo in avanti nello sviluppo del bambino, perché ci dimostra che il lattante è in grado di rappresentarsi, anche se in modo embrionale, il mondo intorno a sé.

Il lattante ricerca continuamente e attivamente gli stimoli, raccoglie informazioni e le organizza per cominciare a classificare gli oggetti del mondo. Con tale intenso lavorìo ogni bambino comincia a costruirsi il proprio universo, a dare un senso a quello che gli succede intorno. Queste sono persone come me, questi sono mamma e papà, questo è il latte che mi viene dato, questi sono i pupazzi che mi vengono messi dentro la culla e così via. È un'operazione complessa che gli consente di orientarsi, di riconoscere gli oggetti simili trovando delle costanti, di distinguere quelli diversi e cominciare a fare delle previsioni sul mondo circostante.

Emerge così un'immagine del lattante del tutto diversa da quella tracciata da Freud. Non è una creatura che vuole essere solo soddisfatta, ma vuole conoscere e dare significato a quello che le sta avvenendo e che vede intorno. È probabile che tutto questo sia legato alla storia della specie, per cui il piccolo umano, per evitare i pericoli in cui poteva incorrere nell'ambiente certo meno protetto delle caverne, doveva subito imparare a distinguere le figure umane da quelle degli animali, che potevano essere dei pericolosi predatori.

Naturalmente al suo ingresso nel mondo il neonato non è dotato solo di capacità e competenze, perché ogni suo atto o interazione è inserito all'interno di un clima affettivo che dà calore a tutto quello che succede. Quando ad esempio la madre si avvicina alla culla e vi si affaccia per guardare il figlio, quest'ultimo non solo la fissa con grande attenzione, ma è in forte tensione, aggrotta le sopracciglia, apre e chiude la bocca, inarca la schiena. In poche parole il suo corpo esprime in ogni modo un'eccitazione e una tensione emotiva, che forse in questa fase è troppo presto chiamare gioia. Secondo Stern si tratterebbe di affetti vitali che accompagnano non solo i primi atti della nostra vita, ma anche le fasi successive: esperienze caratterizzate da stati di crescendo o di decrescendo, oppure da fluttuazioni, ben diverse dagli affetti più definiti e riconoscibili come la gioia, il dolore, la sorpresa e così via.

Sono queste prime esperienze che cominciano a dare al bambino un senso di sé. Egli sente, in modo non ancora pienamente consapevole, di esistere e allo stesso tempo di essere parte di una relazione con la madre.

Se osserviamo, ora, che cosa succede fra la madre e suo figlio, ancora di pochi mesi, possiamo comprendere meglio l'immagine della danza, che abbiamo più volte usato.

Ritorniamo a Rosa e a Roberto che adesso ha 3-4 mesi. Rosa ha finito di allattarlo e lo sta cambiando sul lettone. Lei è in piedi e gli sta infilando le mutandine, mentre Roberto è disteso sul letto. Si guardano reciprocamente negli occhi. Rosa gli si avvicina e inizia uno dei loro giochi abituali: partendo dalla manina, con le dita risale il braccio e arriva al collo, dove gli fa il solletico. Intanto cantilena: «Questa è la bella piazza / dove ci passa la pupazza / dove ci passa la pecorella / che fa bè, bè, bè!». E il gioco finisce ogni volta con le risate eccitate di Roberto e della madre.

La filastrocca inizia lenta e poi con un crescendo improvviso diventa più frenetica, fino a esplodere nel solletico e nelle grandi risate.

Sembrerebbe in apparenza un gioco abbastanza banale, che le madri hanno sempre fatto. Eppure a guardar meglio esso rivela che la mamma sa per intuito molte cose del figlio, anche se non ha letto i manuali per genitori. Gran parte del divertimento del bambino deriva dal sapere come finirà il gioco e prevedere quello che succederà. La madre a sua volta ne è ben consapevole e si diverte a coinvolgerlo per farlo ridere. Dopo che il gioco è stato ripetuto più volte, però, il bambino ride quasi per compiacimento, come se avesse perso interesse: ed è qui che avviene il colpo di scena. La madre infrange le aspettative del figlio e invece di iniziare il gioco dalla mano, lo tocca sulla pancia e procede pian piano a zig-zag, fino a che all'improvviso gli fa il solletico sul collo. Il bambino ne è addirittura estasiato e scoppia in una risata fragorosa.

Hanno di fatto inventato una variazione alla danza. In un primo tempo hanno ripetuto passi già conosciuti, il che li ha divertiti perché si sono ritrovati insieme; poi il bambino ha perso interesse e la madre ha capito che doveva inventare qualcosa di nuovo e imprevisto per riattivare la sua attenzione. La sorpresa della madre ha preso il bambino in contropiede, le sue aspettative sono state infrante. Si è creata una situazione nuova nella struttura abituale del gioco comune.

Chissà come le madri hanno imparato tutto questo. Non l'hanno letto nei libri, ma sanno intuitivamente come comportarsi col figlio: sanno rassicurarlo con qualcosa di conosciuto, ma capiscono che servono allo stesso tempo esperienze nuove per tenere viva la relazione.

Ma vediamo un altro passo di questa danza. Rosa dopo aver cambiato Roberto lo prende in braccio e lo culla per farlo dormire, mentre lui continua a guardarla con aria eccitata e non sembra voler dormire. Rosa guardandolo canticchia e ripete, ritmando le parole: «Ma che fa il mio bambolino, oggi proprio niente nanna!».

È un linguaggio speciale per bambini. Una costruzione semplice, parole storpiate ripetute lentamente, che ancora non possono essere comprese dal piccolo; gli viene trasmesso piuttosto un clima affettivo, una rispondenza e un rispecchiamento che gli fa sentire la profonda intimità con la madre. Così comincia a prendere corpo il sé del bambino, che per esistere deve sperimentare il senso di essere voluto e amato.

Non accade lo stesso nel caso delle madri depresse che parlano, sì, al bambino ma con un linguaggio piatto e privo di intonazione affettiva. In questo caso il sé del bambino cresce in un ambiente emotivamente povero, senza sperimentare la rispondenza affettiva e il gioco di rispecchiamento con la madre. Prende corpo in questo modo un sé svuotato e impoverito, che non è mai stato oggetto di vero amore.

La comprensione affettiva

Per capire quanto sia importante la corrispondenza affettiva nella vita del bambino, e successivamente negli altri momenti della nostra esistenza, può essere utile raccontare il resoconto di un esperimento fatto a Boston.[11]

Dopo che le madri avevano giocato coi figli, di circa 4 mesi, veniva chiesto loro di uscire e poi rientrare nella stanza, mantenendo il viso immobile, senza alcuna espressione. La reazione di tutti i bambini era fondamentalmente simile: si rivolgevano verso la madre, fissandola, in attesa che si comportasse, come al solito, con amorevole attenzione. Ma il compito a lei richiesto era quello di mantenere un'espressione immobile, per quanto il bambino la invitasse a mettersi in rapporto con lui. Nella storia della scienza spesso vengono imposti dei comportamenti senza tenere conto degli stati d'animo delle persone coinvolte, in questo caso delle madri che devono simulare freddezza verso il figlio. La spinta a sapere ha qui il sopravvento sulle considerazioni umanitarie, anche se può comportare un certo malessere.

Ma torniamo al nostro esperimento. Un primo gruppo di bambini cominciava a dimenarsi e a rivolgersi in modo sempre più insistente alla mamma, indirizzandole dei vocalizzi, quasi a volerle dire: «Dài, muoviti, vieni qui!». Dopo il tentativo iniziale, però, in pratica i piccoli rinunciavano a coinvolgere la madre e assumevano un viso inespressivo, lievemente depresso. Avevano preso il sopravvento la distanza affettiva e la rinuncia, proprio come era stato per la madre.

Fra gli altri bambini ce n'erano alcuni che facevano ulteriori tentativi con la madre, benché lei non rispondesse, e altri ancora che non si perdevano d'animo e continuavano a rivolgersi alla mamma che rimaneva lì impalata. Alla fine però tutti si davano per sconfitti e rimanevano anche loro immobili, con lo sguardo spento.

L'esperimento è interessante perché conferma una volta di più, se ce ne fosse ancora bisogno, che per ogni bambino sono fondamentali la rispondenza emotiva e il rispecchiamento da parte della madre. E il piccolo fin dai primi mesi non solo riceve le risposte dalla mamma, ma è addirittura lui a sollecitarla a interagire, arrivando talvolta a chiamarla.

Esaminando meglio la storia di questi bambini si notavano grandi differenze nel rapporto che avevano avuto con le proprie madri. I bambini che non avevano facilmente rinunciato alla sua attenzione avevano già instaurato un rapporto di fiducia e di scambio affettivo con lei; i bambini, invece, che rinunciavano avevano madri invadenti oppure controllanti, sempre preoccupate che tutto andasse bene.

Naturalmente la risposta del bambino è anche legata alla fiducia che ha già nei primi mesi nei confronti della madre: in qualche caso essa si esaurisce in breve tempo, se la mamma non gli risponde come si aspetta, mentre in altri è addirittura incrollabile.

Come mai alcuni bambini in certe situazioni si intristiscono, si isolano e perdono confidenza in se stessi, mentre altri si arrabbiano e si ostinano inutilmente, e altri ancora si mostrano contenti, curiosi e pieni di affetto?

Benché ci sia chi ritiene che tutto questo sia legato a una predisposizione genetica, ci sono ormai sufficienti prove a dimostrare che il lattante entra precocemente in un sistema di comunicazione affettiva con gli adulti con cui è in più stretto rapporto. Madre e bambino si condizionano l'un l'altra e il loro stato d'animo e il loro comportamento hanno una influenza reciproca, come dimostrano i due esempi seguenti.

Nel primo esempio la madre gioca a nascondino col figlio. Quando il gioco raggiunge una particolare intensità emotiva, il bambino si allontana all'improvviso dalla mamma e si ritira da una parte, col viso senza espressione, succhiandosi il dito. La madre si ferma, in attesa di vedere che cosa abbia voglia di fare. Dopo pochi secondi il bambino si riavvicina a lei sorridendole, con un chiaro invito a riprendere il gioco. A sua volta la madre si avvicina anche lei, gli sorride e gli dice con una tonalità di voce volutamente esagerata: «Ah, sei tornato!». Ormai si sono ritrovati, il bambino ride e vocalizza; ma dopo un po' si ritira di nuovo, col dito in bocca, e la madre sta ad aspettare finché di nuovo le sorride.[12]

È abbastanza chiaro che il piccolo a un certo punto del gioco raggiunge un'eccitazione eccessiva e fa capire alla madre che deve calmarsi e regolare il proprio stato emotivo. La mamma rispetta il messaggio mettendosi in posizione d'attesa, fino a che il bambino è di nuovo pronto a interagire con lei. La madre capisce tutto questo e gli sorride, dimostrando che sono riusciti a superare positivamente un momento d'impasse.

Nel secondo esempio c'è sempre il gioco del nascondino e anche qui il bambino si ritira. La madre in questo caso aspetta qualche attimo, poi cerca di inserirsi attivamente nella linea dello sguardo del bambino, facendo schioccare la lingua per attrarre la sua attenzione. Ma il piccolo la ignora e continua a guardare in un'altra direzione. La madre insiste e avvicina ancora di più la testa alla sua. In risposta il bambino fa una smorfia e urta con la testa quella di lei, per poi distogliersi e succhiare con insistenza il dito.

Anche qui la madre all'inizio aspetta, ma non prende in considerazione il messaggio del bambino e cerca in ogni modo di catturarne l'attenzione. Addirittura gli si avvicina e cerca di attrarlo, ma lui si allontana drasticamente dimostrando una reazione affettiva negativa, come a comunicarle che lei dovrebbe cambiare linea di comportamento. La donna ignora il messaggio del figlio, che manifesta sempre di più il suo fastidio per questa persona che non gli dà tregua.

Le conseguenze di simili comportamenti sono decisive: il bambino del primo esempio guarderà di più la madre ed esprimerà maggiormente affetti positivi, riuscendo a superare anche momenti di difficoltà, mentre il secondo bambino tenderà a isolarsi e a mostrarsi più triste.

Attraverso questi continui scambi affettivi che si intrecciano in ogni momento della giornata, da quando il bambino si sveglia a quando viene allattato, l'intesa fra madre e figlio viene sempre più collaudata. Intorno ai 7-8 mesi le variazioni affettive sono ormai molto sofisticate, come avviene, ad esempio, mediante la sintonizzazione.[13]

Di nuovo un esempio può chiarire meglio il significato della sintonizzazione. Antonello ha 7 mesi; sempre di umore allegro, ha trovato con la madre una buona intesa. Mentre lei è ai fornelli sta seduto sul suo seggiolone in cucina. Armeggia attorno a una tazza dentro cui sta una pallina di gomma, e cerca di infilarvi una mano per prendere la pallina, senza riuscirci. È in tensione, tutto concentrato nel suo sforzo, ma anche un po' infastidito del suo fallimento. La madre con la coda dell'occhio osserva da lontano i tentativi del bambino, per vedere come andrà a finire.

Dopo un po' Antonello trova casualmente la soluzione: gira la tazza e la pallina cade sul piano del seggiolone.

Che trionfo! Ce l'ha fatta. Il piccolo è tutto contento e per esprimere la sua soddisfazione prende il manico del cucchiaio e comincia a batterlo sul piano con un ritmo allegro, ta-ta-ta. La madre, divertita, si avvicina al figlio e ridendo ripete: «E bravo... e bravo... e bravo». Non solo il ritmo verbale della madre è sincronizzato col cucchiaio del figlio, ma anche il suo corpo ondeggia, accennando un passo di danza. Lo stesso ritmo li lega insieme; Antonello capisce che la mamma si muove all'unisono con lui, la corrispondenza è perfetta.

Daniel Stern, che ha studiato queste forme di sintonizzazione, si chiede: come si può spiegare questa particolare comunicazione affettiva?

In primo luogo ci sarebbe un'uguale intensità fra il battito del cucchiaio e la danza materna. L'intensità naturalmente può cambiare: se il bambino batte con più forza per vedere se la madre lo segue, a sua volta la madre si muove con un ritmo più marcato.

Ma le corrispondenze non finiscono qui, questo è davvero un ballo affettivo complicato. C'è anche una sincronizzazione temporale: se il figlio accelera il ritmo del cucchiaio la mamma lo segue, muovendosi anche lei col suo corpo a un ritmo più rapido.

L'aspetto che risulta più interessante è il fatto che non si tratta di una semplice imitazione, perché la madre traduce in passi di danza il movimento del bambino. Questa nuova configurazione corporea è un aspetto importante della corrispondenza affettiva, perché in questo modo la madre aggiunge al comportamento del bambino un elemento inedito.

Per spiegare quello che succede fra madre e figlio, la miglior metafora è quella musicale del tema con variazioni. Il bambino lancia un tema che viene riconosciuto dalla madre, la quale glielo ripropone in forma diversa, introducendo piccole variazioni che vengono colte dal figlio.

Probabilmente questo è il miglior esempio per capire il significato del gioco che si stabilisce fra loro. Costruiscono insieme nello scambio delle regole costitutive,[14] non date una volta per tutte, ma frutto della continua interazione e degli accordi che via via si stabiliscono.

V

Come i bambini imparano a regolarsi

Troviamo insieme le regole

Dai vari esempi che abbiamo proposto finora, abbiamo visto che gli scambi fra madre e bambino seguono tutti dei copioni abbastanza complessi. Se li si prende in esame se ne possono scoprire anche le regole, via via introdotte e modificate nel corso degli scambi stessi.

Ancora una volta la metafora del ballo ci può aiutare a capire meglio ciò che succede. Pensiamo alla celebre sequenza del ballo nel *Gattopardo* di Luchino Visconti. Nel grande salone del palazzo siciliano il principe di Salina balla con la bellissima Angelica ed entrambi volteggiano davanti agli sguardi ammirati di tutti gli ospiti. Si muovono in perfetta sintonia, dando l'impressione che si intendano perfettamente. In questo caso possiamo immaginare che sia il principe di Salina a guidare Angelica con la pressione della mano e del braccio e col movimento del corpo e che si muovano in sincronia anche perché la giovane donna è brava a seguirlo e a interpretarne i segnali.

Ma dopo qualche passo vi è una variazione musicale, serve un nuovo accordo fra i due ballerini. E il principe, avvertito il cambiamento del ritmo, imprime al ballo una nuova direzione.

Qualcosa di simile succede sul piccolo palcoscenico familiare fin dai primi mesi del bambino. Occorre anche qui cambiare più volte passi e intese, anche perché nei primi due anni di vita frequentemente variano la musica e il ritmo. E poi non sempre le cose procedono così bene come nel ballo del *Gattopardo*: può succedere di sbagliare passo e perdere l'affiatamento con l'altro ballerino.

Come già si è visto, il bambino è parte del sistema di comunicazione affettiva che lo lega alla madre e agli altri adulti che si occupano di lui. Per raggiungere determinati risultati ha bisogno, soprattutto finché è piccolo, di essere aiutato e sostenuto dagli adulti con cui è in rapporto. Quando vuole qualcosa, ad esempio afferrare un pupazzo o essere preso in braccio dalla madre, lo fa capire molto bene usando i suoi segnali affettivi, che all'inizio sono limitati, ma poi diventano più complessi. E la persona che se ne prende cura impara ben presto a leggere questi messaggi e li usa come una bussola, per capire quello che deve fare per rispondergli in modo adeguato.[1]

Per capire meglio quello che succede, pensiamo a un lattante di pochi mesi che sia in uno stato di tensione, perché gli stimoli della fame sono troppo forti, superiori alle sue capacità di controllo. In questo caso i meccanismi di regolazione non sono più sufficienti a fargli ritrovare un proprio equilibrio e si crea uno stato d'allarme. Il piccolo reagisce allora con grande eccitazione, piangendo violentemente e contraendo il corpo, incapace di tranquillizzarsi. La madre, è naturale, ha ormai imparato che quando il figlio si comporta così è molto probabile che voglia mangiare, anche perché, altre volte, è riuscita a calmarlo dandogli il latte. A questo punto solo il suo intervento può riportare il bambino a quello stato di tranquillità e di sicurezza personale che è fondamentale per permettergli di riorganizzare i suoi ritmi. E ancora una volta il piccolo avverte che la mamma ha risolto tutto: ora finalmente si sente di nuovo tranquillo e soddisfatto. E il suo amore per lei, nonché la sua riconoscenza, ne sono accresciuti.

Una volta usciti dall'ospedale, dopo che il bambino è nato, madri e padri dedicano molto tempo a regolare e a stabilizzare i cicli di base del bambino, quelli del sonno e della veglia, della fame e della sazietà. Lo allattano quando è ora, lo cullano quando si deve addormentare, lo prendono in braccio e lo tranquillizzano, gli parlano o gli cantano la ninnananna, lo carezzano e lo massaggiano, sia spontaneamente, sia in risposta ai segnali del bambino che, nei primi mesi, ha limitati comportamenti sociali.

Tuttavia i risultati sono diversi se una madre si fa guidare dal bambino, riconoscendogli una sua competenza, oppure se è lei a decidere come allevarlo secondo dei propri schemi. Una ricerca americana condotta qualche decennio fa su un gruppo di neonati in attesa di essere adottati[2] mostrava una notevole differenza tra quelli allattati a orario fisso e quelli allattati a richiesta. I bambini che venivano alimentati più liberamente dormivano meglio degli altri e finivano per mangiare con più regolarità.

Ma non dobbiamo pensare che questo risultato si ottenga solo grazie alle attenzioni dei genitori: anche il lattante fa la sua parte nel trovare meccanismi di controllo. Se da un lato il bambino impara ad affidarsi alla madre per trovare una regolazione personale, dall'altro adotta diversi comportamenti che gli servono per autoregolarsi, come ad esempio allontanare lo sguardo da ciò che lo disturba, oppure succhiarsi il pollice, o toccarsi e carezzarsi il viso. In questo modo egli impara precocemente a controllare il proprio stato affettivo e a consolarsi anche quando i genitori non siano presenti.

Si tratta di difese precoci che fanno parte del patrimonio che la specie umana ha selezionato per aiutare il bambino a crescere meglio.[3] Vengono da lui apprese fin dai primi mesi, quando si trova in una situazione stressante o disturbante, e potranno diventare delle strategie personali, valide anche in altri momenti della vita. Fra queste una delle più efficaci è l'evitamento. Come succede comunemente nella vita di tutti i giorni, anche il bambino di fronte a una circostanza negativa, oppure dolorosa, cerca di mettersi al riparo prendendone le distanze. E ciò vale in molte situazioni, persino nel rapporto con la madre, quando quest'ultima risponde negativamente alle sue richieste: in questo caso il figlio, invece di segnalare la sua disponibilità al dialogo, può rinunciare allo scambio affettivo con lei; ne può accettare la presenza, ma non ci sono la condivisione e la sintonia di cui abbiamo parlato.

Un altro modo di reagire è quello di «congelarsi» e di paralizzarsi. Anche questa è un'esperienza abbastanza frequente: nei momenti di paura o di grave difficoltà interviene una specie di paralisi fisica, il corpo si immobilizza. Lo si può notare in un bambino di 6 o 7 mesi che, quando entra in un nuovo ambiente o incontra una persona estranea, si blocca e resta fermo, come avviene anche fra gli animali quando, ad esempio, si trovino di fronte a un predatore.

Tutti gli studi più recenti sui meccanismi regolativi ci mostrano che ogni organismo vivente per sopravvivere tende ad autorganizzarsi e ad autoregolarsi, e che questo avviene in un continuo e intimo scambio con l'ambiente. Lo stesso principio vale per i bambini, per i quali si passa da un sistema regolativo facilitato dalla presenza e dalla interazione con la madre e con gli altri adulti a uno di organizzazione personale, che permette di trovare i propri ritmi e il proprio equilibrio, anche nei momenti di stress.

Il percorso è addirittura opposto rispetto alla visione di Freud, secondo cui il bambino usciva come un pulcino dall'uovo che lo conteneva per aprirsi al mondo. Oggi preferiamo parlare di una matrice relazionale che unisce fin dall'inizio la madre e il figlio, di un'intesa fatta di condivisioni e di scambi grazie alla quale il bambino impara a riconoscersi e a trovare un proprio sé e una propria identità. Anzi è proprio questo riconoscimento precoce, questa continua azione di rispecchiamento da parte dei genitori che aiuta il bambino a trovare negli occhi della madre la propria immagine. Lui esiste solo perché un'altra persona l'ha pensato e lo guarda con amore; si vive solo negli occhi di un'altra persona. Se non si è guardati con amore ci si limita a sopravvivere.

Non è, questa, una differenza di poco conto. È un caso

che si nasca egoisti e narcisisti oppure che si venga al mondo desiderosi e capaci di interagire con gli altri esseri umani?

Le bambine sanno regolarsi meglio

Si è parlato fino ad ora del modo in cui i bambini imparano a regolarsi. Qui mi aspetto sicuramente una domanda: ci sono differenze, quanto a regole, fra maschi e femmine? Troppo spesso nel parlare dello sviluppo dei bambini non si tiene abbastanza conto dell'identità di genere maschile e femminile. A seconda che nasca un maschio o una femmina saranno diverse non solo le risposte dei genitori, ma anche le capacità dei bambini e delle bambine.

È un argomento, questo, che suscita reazioni immediate: c'è chi vuol sostenere che fra uomo e donna non ci sono differenze, perché questo provocherebbe discriminazioni, come è avvenuto per molti secoli, e chi invece tende a valorizzare le differenze, perché sono il sale della vita. Qualche passo in avanti è stato fatto negli ultimi tempi da alcune ricerche, come quella condotta a Boston presso l'Università di Harvard, da Katherine Weinberg[4] che ha studiato i comportamenti dei bambini e delle bambine a 3 e a 6 mesi mentre interagivano con le proprie madri, tutte in uno stato di depressione. Dopo il parto, è relativamente frequente che le donne presentino uno stato depressivo, che può durare per l'intero primo anno di vita del bambino.

Nell'interagire con le madri depresse, meno disposte a occuparsi del figlio e ad accogliere le sue richieste, i maschi mostravano più rabbia, erano più capricciosi, chiedevano insistentemente di essere presi in braccio. Ma invece di ottenere una risposta positiva dalle madri i loro comportamenti le esasperavano, perché le donne consideravano queste richieste troppo insistenti e opprimenti. Alla fine si creava un circolo vizioso per cui i bambini erano sempre più capricciosi e arrabbiati e le madri infastidite dai figli, che diventavano per loro un peso eccessivo.

Diverso il comportamento delle bambine: con la madre erano meno capricciose e aggressive. Invece di chiedere e protestare, come facevano i maschietti, spostavano l'attenzione verso degli oggetti a portata di mano, ad esempio un pupazzo oppure una tazza o un pezzo di stoffa. E qui succedeva qualcosa di imprevisto: le madri, vedendo che le figlie erano occupate dai loro giochi e non facevano richieste insistenti, non si sentivano minacciate e potevano avvicinarsi a loro con sufficiente tranquillità. In questo caso si creava una situazione più favorevole, per cui le bambine riuscivano a ottenere maggiori attenzioni e cure anche dalle madri depresse. In fondo è la storia del bicchiere mezzo vuoto o mezzo pieno che verrebbe a differenziare i bambini dalle bambine!

Da questi studi la ricercatrice trae alcune conclusioni che fanno riflettere e che non valgono solo per i primi anni di vita, ma probabilmente trovano riscontro anche in seguito.

I maschi, in primo luogo, sono più dipendenti dalla madre, rispetto alle bambine, nella regolazione dei loro stati affettivi. E di fronte a madri depresse reagiscono negativamente, si allontanano e si isolano, per cui alla fine non ricevono neppure quel poco che potrebbero avere.

In secondo luogo le bambine sono più pronte ad afferrare gli oggetti e reagiscono negativamente quando la madre interferisce o interviene troppo nelle loro attività. In poche parole sono più autonome e capaci di trovare degli interessi propri anche nei momenti di difficoltà. E questo vale per tutta la loro vita, fino a tarda età. Si pensi a una donna anziana quando le muore il coniuge: la donna è in grado di sopravvivere abbastanza serenamente alla perdita, si organizza e ha i suoi interessi. Non è così per gli uomini, che rimangono spaesati, incapaci di affrontare la solitudine.

La ricercatrice ipotizza inoltre che questi diversi stili

possano predisporre la bambina ad avere in seguito reazioni di ripiegamento depressivo, mentre i maschi tenderebbero a reagire con comportamenti violenti e provocatori.

Che le donne siano più forti è ormai un'opinione diffusa. Sono più forti perché sanno usare meglio la comunicazione affettiva, sanno aprirsi al momento giusto, sanno trattare in modo più flessibile, mentre gli uomini spesso si irrigidiscono e si intestardiscono.

Ma come mai ci sono queste differenze? Si può pensare che, giacché le donne nella lunga storia della specie umana hanno dovuto occuparsi dell'allevamento dei figli, sono state stimolate a sviluppare le proprie capacità di comprensione emotiva. E ciò le renderebbe molto più disposte a capire e a entrare in rapporto con gli altri.

Ormai questa particolare capacità sarebbe connaturata allo sviluppo femminile, come dimostrano le differenze fra i due sessi che possono essere rilevate fin dalla nascita: le bambine infatti rispondono di più agli stimoli sociali e sono in grado di mantenere più a lungo il contatto occhio a occhio; sono meno irritabili dei maschietti, piangono di meno e hanno una minore labilità affettiva.

Anche la capacità di regolare gli affetti è diversa nei due generi. Le bambine sanno tranquillizzarsi più facilmente, si succhiano il dito e si carezzano come hanno imparato dalle proprie madri. Ed essendo più tranquille riescono ad avere scambi sociali più soddisfacenti.

E pensare che per molto tempo la nascita di una femmina veniva considerata in molte famiglie quasi una sciagura. Ancora una volta la ricerca serve a sfatare pregiudizi ormai radicati, che rendevano la vita più difficile e mortificante.

Come risulta dallo studio di cui si è parlato, le bambine sanno anche servirsi più efficacemente degli oggetti per tranquillizzarsi. Che gli oggetti possano avere questa funzione è stato già scoperto da Winnicott, il quale circa quarant'anni fa osservò che i bambini nei primi anni ricorrono spesso, per rassicurarsi, a qualcosa di morbido. Al momento di andare a letto spesso vogliono con sé un oggetto che potremmo dire affettivo, che sia una pezzetta o una copertina. E mentre si addormentano lo stringono a sé e se lo mettono sulla guancia, quasi a rievocare le carezze e le rassicurazioni materne.

È un oggetto speciale questo descritto da Winnicott, un oggetto transizionale che serve anche nei momenti di solitudine e di stress, perché aiuta il bambino a non sentirsi solo: con la sua copertina, che abbiamo visto tante volte nei fumetti di Linus, il bambino riesce a far rivivere la figura della madre e in sua compagnia riesce a addormentarsi.

I genitori, credo, hanno ormai imparato la grande importanza di questi oggetti per il bambino. Quando non riesce a trovare la propria pezzetta il piccolo si allarma, come può succedere a un fumatore quando di sera rimane senza sigarette e le tabaccherie sono tutte chiuse. Questo speciale attaccamento a un oggetto non è negativo, né segno di difficoltà. Anzi, è vero il contrario: quanto più i bambini sono sicuri, tanto più ricorrono a oggetti morbidi per rassicurarsi. In una recente ricerca[5] si è visto che ciò vale per il 90% dei bambini sicuri, all'età di tre anni. E si è anche scoperto che portandosi nel lettino il proprio oggetto affettivo avevano meno disturbi del sonno.

I genitori non dimentichino di regalare ai figli un orsacchiotto di peluche, che diventerà importantissimo soprattutto nei momenti di tensione, quando ad esempio è il momento di andare a dormire. E soprattutto non pensino mai di sostituirlo perché è diventato troppo vecchio e consumato. Lo stesso vale per la pezzetta, il cui fascino è legato al fatto che si è impregnata di odori familiari: è per il bambino una parte di se stesso. Anche di notte, quando si sveglia, riesce a ritrovarla al buio perché la riconosce subito dall'odore e dalla sua particolare morbidezza. Metterla in lavatrice significherebbe farle perdere tutto il suo valore illusorio: diventerebbe una normale pezza che non lo farebbe più sognare.

I genitori alle prese col bambino piccolo

Credo che non sia necessario aggiungere altro per dimostrare che i bambini, soprattutto nei primi anni, siano enormemente cambiati. Non vivono più rinserrati nella loro culla, in una stanza silenziosa e in penombra, presi in braccio solo al momento dell'allattamento. Oggi il neonato entra fin dal primo giorno di vita nella sua famiglia e ne diventa ben presto il protagonista. Padre e madre si prodigano intorno a lui. Si aiutano l'un l'altro, all'inizio in modo goffo, a preparargli il biberon oppure a fargli il bagnetto. Si sostengono vicendevolmente per evitare di commettere errori nella preparazione del latte o di lasciarsi sfuggire il bambino mentre lo lavano e farlo finire sott'acqua: «Tienilo tu un momento, mentre prendo l'asciugamano», «Fai attenzione che ti scivola di mano, lo vedi come si agita!».

Vorrei rassicurare i genitori, perché a tutti succede la stessa cosa. Il ritorno a casa dall'ospedale è sempre un'esperienza difficile. La madre è ancora provata dal parto, si sente stanca e prostrata, in alcuni momenti depressa. È finita la serenità della gravidanza, quando portava il figlio dentro di sé: adesso è lì fuori e se ne deve occupare. Prima il bambino si limitava a muoversi e a dare calci, mentre adesso strilla quando c'è qualcosa che non va e anche se lo culli o lo prendi in braccio ci vuole tempo a tranquillizzarlo. E non c'è più l'infermiera che con la sua presenza li confortava.

Nei primi mesi i genitori vivono a volte momenti di grande angoscia, i piccoli fatti della vita quotidiana sembrano irrisolvibili. Il bambino continua a vomitare il latte che gli viene dato e perde peso, oppure al momento dello svezzamento si rifiuta ostinatamente di assaggiare la pappa e non mangia più. I due genitori sono affranti, il mondo crolla loro addosso e si sentono impotenti: ce la farà il piccolo a sopravvivere? Anni dopo, ricordando quei momenti, i genitori potranno anche sorridere della propria sprovvedutezza, ma allora non sapevano come comportarsi di fronte al neonato, che ai loro occhi sembrava così fragile. Sono i momenti nei quali l'esperienza della nonna, o di un'amica che abbia già avuto figli, è fondamentale: «Non ti preoccupare, vedrai che la cosa si sistema, succede sempre così con i bambini piccoli, anche per me è stato lo stesso». Ma capita spesso che la nonna, pur telefonando tutti i giorni, non riesca a dare una mano perché lavora...

Sì, la famiglia è cambiata. Oggi perlopiù i giovani rimandano il momento di diventare genitori e hanno il primo figlio, che è quasi sempre l'unico, quando si avvicinano ai trent'anni. Non si lanciano con entusiasmo e con la necessaria incoscienza nell'avventura di diventare padri e madri, sono molto più consapevoli di quello che significa. Ne sentono la responsabilità e a volte ne sono addirittura sopraffatti. I nonni ci sono a dare una mano, ma non è più come una volta, quando la nonna viveva nella stessa casa e si prendeva cura dei nipoti man mano che venivano al mondo.

Nel corso di preparazione al parto la donna ha scoperto molte cose sul futuro bambino. E vorrebbe saperne sempre di più. Si è comprata addirittura una guida per i genitori e la sera, a letto, ne legge qualche pagina col marito, che a volte ci scherza sopra: «Chissà se un giorno o l'altro ci chiederanno la patente di genitori? Ce la faremo?».

No, la patente non serve! Sicuramente i libri divulgativi e i corsi sono molto utili, però quello che conta è la fiducia nelle proprie capacità. Quando le madri si prendono cura del figlio ricorrono quasi sempre all'intuizione e al buon senso, che sono difficili da insegnare. Si tratta di doti innate che, oltre ad avere lontane radici biologiche, si sono sviluppate in loro già durante l'infanzia con l'osservazione diretta dei propri genitori e l'esperienza degli scambi quotidiani.

È questa particolare attitudine mentale, di cui hanno parlato Winnicott e Stern, che aiuta la donna a sintonizzarsi col suo bambino. Quando di notte il bambino piagnucola sommessamente nella sua culla la madre lo sente anche nel sonno, come se avesse un sesto senso. E durante il giorno, mentre svolge i suoi compiti, cucina, si occupa del marito, ha sempre un orecchio teso ad ascoltare il figlio.

Si è già visto inoltre che oggi le donne, se non hanno la madre vicino, sono spesso aiutate dal marito. Infatti anche i padri stanno cambiando e, fin dai primi mesi della gravidanza, sono assai più presenti: accompagnano la moglie quando deve sottoporsi all'ecografia, condividono con lei preoccupazioni e gioie, la sostengono nel suo ruolo di protagonista principale di questa nuova esperienza. A volte può succedere, quando la moglie è troppo presa dal proprio lavoro e non riesce a calarsi nell'esperienza della maternità, che sia il marito a fare da tramite fra lei e il bambino. Insomma l'uomo può diventare il compagno dell'esperienza della maternità proprio perché la donna, cui è richiesto un coinvolgimento molto forte, ha bisogno della sua collaborazione e della sua comprensione.

Non credo che il padre debba sovrapporsi alla madre, anche se spesso i due ruoli nell'educazione dei figli non sono così ben definiti. Non servono due madri, serve una madre che sia sostenuta da un padre capace di immedesimarsi di più in quello che succede, starle vicino, condividere il peso emotivo e materiale di allevare un figlio. E soprattutto nei primi momenti, quando la donna è stanca e ancora depressa per le vicissitudini del parto, è l'uomo che deve stare in prima linea. Se occorre alzarsi la notte perché il bambino piange, se bisogna portarlo dal pediatra, se c'è da cambiarlo, il papà può avere una parte importante.

Quando penso al rapporto fra padre e madre durante questi primi mesi di vita del bambino lo raffiguro con l'immagine della madre che, come un palombaro, scende negli abissi affettivi del rapporto col figlio. Si tratta di un'esperienza profonda in cui la donna si cala completamente: si identifica col figlio lattante, usa il linguaggio e la comunicazione infantile, deve saper perdere in alcuni momenti la propria identità adulta se vuole avvicinarsi a lui. Ma come il palombaro la donna può essere presa dalla frenesia degli abissi, dimenticare che esiste un mondo esterno e perdersi nel rapporto di rispecchiamento col figlio. Ed è qui che diventa importante il padre, il quale deve rimanere ben piantato sul pontone, in superficie, seguire i movimenti della moglie, erogarle l'ossigeno e saperla richiamare fuori quando è necessario.

Molto spesso succede che nei primi mesi di vita del bambino si creino dei conflitti di coppia, che possono essere devastanti. L'uomo si può sentire escluso dalla relazione strettissima fra la moglie e il figlio, il quale, come un piccolo messia, è venuto al mondo per farsi adorare dalla madre e per estromettere il padre.

E qui si decide il futuro della coppia. Se il padre sa rinunciare ai propri bisogni narcisistici e dare spazio alla nuova relazione fra la moglie e il figlio, sostenendola senza interferire, la coppia riesce a superare le insidie del primo anno. La maturità del padre dipende dalla sua capacità di rimanere sul palcoscenico della famiglia, sapendo che in quel momento al centro della scena ci sono gli altri due protagonisti. Ma il suo ruolo è insostituibile, riporta la realtà nel mondo simbiotico della madre col figlio e ancora la moglie al suo ruolo di donna. Anche per lei, da parte sua, è importante non dimenticare di avere un uomo accanto a sé, verso cui continuare a provare attrazione e interesse. Spesso la donna è divisa fra l'amore per il figlio e l'affetto per il proprio uomo e non è facile far convivere i ruoli di madre e di compagna.

Ricordo a questo proposito un colloquio che ebbi molti anni fa a Londra col famoso psicoanalista di origine pakistana Masud Khan, allievo di Winnicott. Alla mia domanda su quali siano le condizioni ottimali per la crescita dei figli diede una risposta che in un primo momento mi sembrò scontata. Secondo le parole di Masud Khan i genitori devono continuare a fare l'amore, anzi, come lui disse, continuare a «scopare».

Oggi però mi sembra di vedere in questa frase molte implicazioni che non ero riuscito a cogliere. Quando si diventa madri o padri facilmente si vive solo per il bambino, dimenticando che la propria unione è nata per la reciproca attrazione, fatta di interessi comuni, scambi e intimità sessuale. Se i genitori continuano ad avere una vita sessuale, significa che c'è interesse e piacere reciproco: la donna continua a esprimere la propria femminilità ed è capace di suscitare il corteggiamento del compagno. E il figlio in tal modo scopre come fra i genitori continui a esistere una intimità, come sappiano stare bene insieme. Non tocca a lui questo compito, sarebbe troppo pesante per un bambino, anche se in certi momenti tale convinzione può alimentare il suo senso di onnipotenza: mamma e papà stanno insieme solo per me!

L'intimità dei genitori, quantunque possa suscitare nel figlio gelosie e senso di esclusione, allo stesso tempo lo rassicura perché gli fa sentire che il suo arrivo non ha allentato il loro legame fisico e non li ha fatti precocemente invecchiare.

Vorrei che ne fossero convinti tutti i genitori che hanno bambini piccoli e in particolare i genitori di bambini che hanno disturbi del sonno. Quando il piccolo non riesce a addormentarsi, oppure di notte si sveglia varie volte piangendo, i genitori alla fine soccombono e lo prendono nella propria stanza, se non addirittura nel proprio letto.

Capisco che, al termine di una giornata pesante, dover affrontare l'insonnia del bambino sia molto faticoso: occorre cullarlo, rassicurarlo, stargli vicino, e soprattutto di notte questo può diventare un peso insopportabile. Eppure occorre resistere, altrimenti si crea una situazione che viene a sacrificare troppo i genitori, costretti a rinunciare alla loro intimità.

E il bambino inevitabilmente invade tutti i loro spazi di

coppia. Nel lettone dei genitori si sente infine rassicurato, però rischia a sua volta di diventare troppo dipendente da loro e di non saper stare solo. Né riesce a vincere le sue paure, perché anzi i genitori prendendolo nel loro letto implicitamente giustificano le sue fobie. Se mi tengono con loro, pensa il bambino, vuol dire che avevo buoni motivi di aver paura, chissà quali mostri si trovano nel buio della mia stanza!

Allo stesso tempo egli si rende conto che sta invadendo la loro intimità e li sta privando della loro vita personale. Entra a questo punto in un intreccio complicato di sensi di colpa, ma anche di desideri di controllarli e di essere parte integrante della loro esistenza.

I confini in famiglia sono necessari. Sicuramente in passato erano troppo rigidi e c'era una distanza eccessiva fra genitori e figli, i quali a volte si rivolgevano al padre e alla madre usando il voi, quasi a ratificare una distanza incolmabile, oppure erano costretti a rimanere in silenzio di fronte a loro, chiedendo il permesso quando volevano parlare.

Oggi questi confini sembrano addirittura non esistere: il bambino fa tutto quello che fanno gli adulti. Per necessità, in molti casi, ma anche per non contrariarlo i genitori si abituano a portarlo sempre con sé, al cinema o a casa di amici o fuori città per il week-end. Non ci sono più distinzioni e il bambino non riesce più a capire perché non deve condividere tutta la vita dei suoi genitori. E che senso di compiacimento e di onnipotenza sentirsi come loro, interloquire con i grandi, tenere banco fino a tardi mentre si sta al ristorante!

Molti sicuramente ricorderanno un divertente episodio del film di Nanni Moretti *Caro Diario*, che racconta la nuova realtà delle famiglie. Suona il telefono di casa e si precipita a rispondere un bambino che non vuole a nessun costo mollare la cornetta. L'amico che ha telefonato, dopo averlo salutato, vorrebbe parlare con il padre, ma è costretto ad ascoltare il dialogo improbabile del piccolo e alla fine ad accettare il suo ricatto: «Raccontami una favola».

Viene da chiedersi che cosa fanno i genitori e perché accettano queste situazioni diseducative. Ferma restando l'importanza del dialogo che c'è oggi in famiglia, occorre tuttavia non dimenticare i limiti e le regole. Naturalmente non le ferree regole del passato, però regole. Discusse, concordate, spiegate, ma alla fine regole. Sapere che oltre le dieci di sera non si può rimanere in piedi è importante. Il bambino può sbraitare, può fare i capricci, può buttarsi per terra, ma i genitori devono tenere duro. Non lo stanno torturando, stanno solo aiutandolo a riconoscere che esistono in famiglia delle norme a cui attenersi. E ciò è anche molto rassicurante, perché il bambino in tal modo impara che c'è il mondo dei bambini e il mondo degli adulti e che questi ultimi si assumono la responsabilità di fargli da guida.

Troppo spesso i bambini si trovano di fronte, fin dai primi anni, scelte e dilemmi cui i genitori li sottopongono cercando di convincerli e di ottenere il loro consenso. Che peso per il bambino e per padre e madre, se tutto deve essere contrattato. Una volta che i genitori abbiano spiegato al figlio che deve andare a dormire presto perché, come tutti i bambini, ha bisogno di dormire più dei grandi, è inutile cercare di convincerlo dicendo: «Lo devi fare, perché te lo dico io che sono tuo papà». Naturalmente è diverso se un bambino ha tre anni o ne ha otto, ma anche in quest'ultimo caso vale nella stessa misura l'autorità dei genitori.

È probabile che i guasti dell'autoritarismo non siano più grandi di quelli del permissivismo. Sicuramente è stato necessario liberarsi dai vincoli di un'educazione rigida, basata sui doveri e sugli obblighi, ed è stato quasi inevitabile cadere nelle lusinghe dell'educazione tollerante e permissiva. Ma oggi siamo tutti abbastanza consapevoli del fatto che occorre salvaguardare l'autorità dei genitori. Allo stesso tempo, bisogna sviluppare il dialogo affettivo: la famiglia non è una caserma, occorre capire le ragioni degli altri, discutere e contrattare insieme.

Parlando dei confini c'è da tener presente anche il loro valore protettivo. Una situazione in cui il bambino non ha limiti e protezioni lo espone a un eccessivo bombardamento di stimoli, troppo intensi rispetto alle possibilità del suo metabolismo. Se rimane in piedi fino a tardi, se viene esposto troppo precocemente a immagini televisive che non capisce, se si addormenta dovunque capiti, su una sedia in trattoria o nella sala d'attesa di un aeroporto, se è immerso in un universo di suoni e di rumori può sentirsi invaso da tutto questo e perdere la capacità di distinguere. Può vivere una profonda confusione che non lo aiuta a costruire il senso del suo sé, a strutturare uno spazio privato, necessario per raggiungere una consapevolezza profonda della propria soggettività.

Vorrei che i genitori comprendessero che i bambini nei primi anni hanno bisogno di essere protetti sul piano affettivo e cognitivo e che bisogna evitare che si trovino esposti al mondo esterno, senza pelle. È questa la funzione dei genitori: avvolgere il figlio in un rivestimento protettivo che lo aiuti a selezionare e a eliminare gli stimoli troppo intensi e inadeguati, e a contenere e organizzare gli altri.

Come abbiamo visto, progressivamente il bambino acquisisce una propria pelle, costituita dai meccanismi di regolazione, prima piuttosto fragili e poi via via più consistenti.

Ho fatto un breve cenno alla televisione, che suscita fra i genitori più di un interrogativo: quando i bambini possono cominciare a guardarla? È certo che prima dei 3 anni hanno difficoltà a capire il carattere di finzione dell'immagine televisiva e distinguerla da quello che vedono nella realtà. Per questo motivo possono introiettare immagini senza possedere la capacità di comprenderne il significato, per esempio situazioni di violenza che entrano nella loro mente provocando distorsioni percettive proprio perché non possono essere adeguatamente distanziate. Il bambino vive una sorta di realismo televisivo, quello che vede sullo schermo è in sostanza uguale a ciò, persone e oggetti, che trova intorno a sé. Solo col tempo comincia a rendersi conto che si tratta di una finzione, e a quel punto per lui ogni immagine è finta e inventata, quasi a estremizzare questa sua nuova scoperta.

Più tardi, dopo i 5 anni, il bambino giunge a capire i complessi segreti della scatola magica, ma nel frattempo ha passato molti anni davanti al televisore. Ed è inevitabile che le trasmissioni e gli spot pubblicitari abbiano lasciato tracce e segni indelebili nei suoi processi mentali e cognitivi. Studi internazionali ormai dimostrano a sufficienza che gli spettacoli televisivi violenti agiscono negativamente sulle fantasie del bambino e ne inibiscono il gioco. E d'altra parte si è osservato anche che i bambini con disturbi emotivi passavano più tempo dei loro coetanei a vedere spettacoli di quel genere, ricavandone spesso la convinzione che si tratti di fatti davvero accaduti.

Certi ritmi di sviluppo del bambino vanno conosciuti e rispettati. In primo luogo è opportuno che la madre e il padre lo aiutino a trovare e a stabilizzare i propri ritmi alimentari e quelli del sonno. Se si osservano i suoi comportamenti e si assecondano le sue tendenze, ben presto egli sarà in grado di mangiare a orario senza che gli venga imposto uno schema rigido. Ugualmente il ritmo del sonno pian piano si stabilizza definendo le ore in cui dorme e quelle in cui sta sveglio, che verranno a coincidere con la luce e il buio. Le capacità autorganizzative di ogni bambino sono notevoli: sono convinto che bisogna avere fiducia in lui.

Il problema può sorgere se la madre è troppo preoccupata per il figlio. Se pensa, ad esempio, che non abbia mangiato abbastanza, che debba essere sollecitato o addirittura distratto per mettergli il cucchiaio di pappa in bocca, che altrimenti proprio non vorrebbe. In queste situazioni, più che tentar di capire il proprio figlio, vuole dimostrare a se stessa di essere una buona madre, che sa far crescere bene il suo bambino. Può succedere allora che non riesca a distinguere i suoi segnali affettivi: per lei se il piccolo piange è perché ha fame, sicuramente non gli ha dato pappa a sufficienza.

E non è sempre così. I bambini spesso piangono perché hanno una colichetta intestinale, oppure perché hanno bisogno di essere accarezzati e presi in braccio. Se si risponde sempre con la pappa, quando il bambino piange, quest'ultimo non viene aiutato a riconoscere i propri segnali e a costruire un'adeguata consapevolezza di sé e del proprio corpo.

Rigidità o flessibilità?

Se in passato l'obiettivo dell'educazione era allevare i figli nel rispetto delle regole e dell'autocontrollo, oggi non è più così. Anche se spesso gli orientamenti educativi non sono poi così chiari, i genitori non vogliono più un figlio che dica: «Mi spezzo ma non mi piego».

Ma allora, che cosa vogliono oggi i genitori? Abituandolo fin dalla nascita a muoversi in ambienti diversi e indirizzandolo verso i più svariati interessi, come lo sport, la musica, la ginnastica o le lingue straniere, vogliono implicitamente un figlio che sia flessibile e duttile. Si rendono conto che in un mondo in continua evoluzione, non aprirsi alle novità rischia di farci sentire come l'uomo di Neandertal al tempo in cui l'*homo sapiens* si stava ormai affermando sulla terra, grazie alle sue maggiori capacità di adattamento e di comprensione.

La nuova parola d'ordine nei programmi educativi americani è stimolare la flessibilità personale, la *resiliency*. Il bambino *resilient*, ossia flessibile, è un bambino che prima di tutto ha delle buone capacità sociali, sa rispondere e interagire con gli altri, è sufficientemente elastico per non ostinarsi sul proprio punto di vista e le proprie pretese, sa occuparsi del prossimo e comunicare, sa ridere di quello che gli succede e suscitare risposte positive nelle persone che gli stanno intorno.

Se queste sono le caratteristiche personali che meglio si adattano al mondo attuale, si capisce perché le frontiere dell'educazione si stiano spostando. Non più conformismo e diligenza, piuttosto capacità di risolvere i problemi usando un pensiero astratto e riflessivo e adottando percorsi diversi da quelli tracciati convenzionalmente. Dunque, abbastanza fiducia in se stessi e autonomia di giudizio, che implica autostima e autodisciplina, ma anche convinzione di poter in qualche modo padroneggiare il mondo circostante.

Tutto questo come si può raggiungere? È difficile che tali doti personali si possano sviluppare in un ambiente rigido e conformista, proprio come le piante rigogliose hanno bisogno di un humus particolare. È importante però che sia in famiglia sia nella scuola il bambino trovi attenzione e sostegno, nella vita di tutti i giorni come nei momenti di difficoltà o di tensione. Infatti è proprio in questi momenti che il carattere può irrigidirsi in senso difensivo, mettendo in atto comportamenti ripetitivi che hanno un significato autorassicuratorio.

Decisivo, poi, è che i bambini avvertano che gli adulti hanno delle aspettative nei loro confronti. Se i genitori e gli insegnanti si aspettano che i bambini si comportino in modo maturo, che siano in grado di imparare e che ottengano dei risultati, questo è un potente stimolo per lo sviluppo. Anche a scuola è ben diverso pensare che gli alunni debbano solo adeguarsi a quello che viene loro richiesto oppure ritenere che siano in grado di contribuire a quanto si sta facendo.

Come risulta da programmi americani per il sostegno dei bambini dal periodo prenatale all'adolescenza, ci sono alcune raccomandazioni che possono aiutare a tracciare il percorso per le nuove generazioni:

1 Costruire attaccamenti precoci e sani. Questo vuol dire che alcuni adulti debbono garantire una presenza suffi-

cientemente stabile e continua nell'allevamento del bambino.

2 Stimolare l'acquisizione di competenze adeguate all'età. Come abbiamo già visto, nel primo anno è necessario garantire un ambiente stabile e relativamente protetto, evitando che il bambino sia esposto in età troppo precoce alle immagini televisive.

3 Far vivere il bambino in un ambiente che favorisca risultati positivi. Questo è da tener presente quando, ad esempio, il bambino venga inserito in comunità infantili, come gli asili-nido, che devono garantire determinati criteri educativi e organizzativi.

4 Infondergli il senso rassicurante di poter controllare la propria vita. Infatti le esperienze di impotenza e di imprevedibilità sono molto negative nella vita del bambino il quale sente di perdere il controllo su quanto gli sta succedendo, indebolendo il senso del proprio sé.

5 Insegnargli a saper affrontare lo stress. I momenti difficili nella vita del bambino devono essere riconosciuti dai genitori e dagli adulti. Quando il bambino sta male fisicamente e deve essere curato dal medico, oppure quando si distacca dai genitori ed entra in un nuovo ambiente, con adulti e coetanei sconosciuti, si trova in una situazione di grande fragilità. Anche questo è un momento critico che può essere affrontato cercando di sostenere il bambino nel suo procedere verso prove impegnative.

VI
L'attaccamento ai genitori

L'instaurarsi del legame

Come ho ripetuto più volte, il bambino alla nascita non tende solo a soddisfare le proprie pulsioni, ma va subito alla ricerca di altre persone che possano occuparsi di lui e proteggerlo. Non è semplicemente la pulsione della suzione che lo spinge ad avvicinarsi alla madre, è piuttosto il desiderio di sicurezza e protezione che è l'unica garanzia di sopravvivenza. E questo vale non solo per i bambini, ma anche per i nostri più diretti cugini, le scimmie, come dimostrerebbero le ricerche dello psicologo americano Harry Harlow.[1] Durante i suoi esperimenti con i macachi, Harlow perse numerosi cuccioli che avevano contratto malattie. Decise allora di allevarli fin dalla nascita senza la madre, in un ambiente sterile. E mentre sul piano fisico i piccoli macachi reagirono positivamente, mostrarono di attaccarsi in modo particolarmente intenso ai panni usati per coprire il pavimento della gabbia. Sollecitato da questa scoperta, Harlow in un esperimento successivo constatò che i piccoli macachi preferivano stringersi a sagome materne appositamente costruite con un rivestimento di stoffa, piuttosto che a quelle munite di un ciucciotto che permetteva loro di succhiare il latte. In poche parole i piccoli macachi preferivano mantenere un contatto soffice e rassicurante, piuttosto che succhiare il latte e sfamarsi.

Anche se l'esperimento era un po' troppo artificioso per essere trasferito ai piccoli umani, contribuì a far cambiare le idee consolidate sui lattanti e soprattutto a promuovere nuove osservazioni. Come ha messo in luce lo psicoanalista inglese Bowlby, che ha introdotto il concetto di attaccamento,[2] il neonato nascerebbe già predisposto a stabilire dei legami con gli altri esseri umani. È in grado di orientarsi verso il viso umano e stabilire un contatto occhio a occhio, può stringere con un moto riflesso la mano dell'adulto che si occupa di lui, ricerca con la bocca il seno e si attacca al capezzolo per succhiarlo, si adatta al corpo di chi lo prende in braccio. E poi manda dei segnali che suscitano risposte da parte delle persone che gli stanno intorno: in primo luogo il pianto, un segnale forte proprio perché suscita malessere negli adulti e li induce a consolarlo per farlo smettere. Ma anche il sorriso e le vocalizzazioni, con cui sa suscitare tenerezza nell'adulto che gli risponde prendendosene cura.

Parallelamente gli adulti provano un'inconsapevole attrazione per il neonato, nonostante abbia una testa enorme e un viso piuttosto piccolo. Possiamo dire che ci ha pensato la natura a creare, nel corso delle centinaia e migliaia di anni della storia umana, questo incredibile incastro fra lattanti e adulti, fondamentale per la sopravvivenza dei bambini appena nati. E l'incastro diventa ancora più stretto con la madre, che si prepara fin dalla gravidanza a incontrare il suo piccolo.

Mentre inizialmente il neonato ricerca il contatto e manda segnali a ogni adulto che gli si avvicina, perché ancora non è in grado di distinguerli, già nel corso dei primi mesi impara a riconoscere tra tutti gli altri sua madre e suo padre. L'odore, il suono della voce, il modo di avvicinarsi a lui, i tratti del loro viso diventano i segni di riconoscimento dei genitori. In questo modo comincia a costruirsi l'attaccamento verso di loro, fondamentale in ogni atto della sua vita.

In questo periodo, il repertorio della comunicazione fra genitori e figlio diventa via via più ricco. Il bambino impara a segnalare in modo diverso il dolore e la fame, oppure il fastidio o il desiderio di essere preso in braccio. E i genitori imparano il suo lessico, che se è comune a molti altri bambini, allo stesso tempo assume caratteristiche proprie in ogni famiglia.

E il reciproco attaccamento diventa sempre più forte. I momenti di scambio diventano numerosi, dall'allattamento a quando il bambino viene cambiato oppure messo a dormire; ma le situazioni di difficoltà sono particolarmente decisive per saldare questo legame nascente. Come sappiamo, nella vita i dispiaceri e le sofferenze aiutano ad avvicinare le persone fra loro. Lo stesso succede al lattante: quando sente i dolori delle coliche intestinali o i morsi della fame o la tensione, la madre diventa per lui indispensabile e le sue cure sono risolutive. Lo aiutano infatti a ritrovare l'equilibrio e il benessere, ossia a regolare efficacemente il proprio termostato personale.

Il destino del legame di attaccamento può essere diverso, a seconda dello scenario che si crea in famiglia. Dipende in primo luogo dal bambino. Come si è già detto esistono bambini più facili, che si tranquillizzano anche nei momenti di stress, e altri più difficili che continuano a essere irrequieti e capricciosi, per quanto i genitori si diano da fare per consolarli. Poi, sicuramente ha il suo peso il modo in cui è avvenuto il parto, se tutto si è svolto senza complicazioni oppure se il travaglio è stato prolungato o alla madre è stata praticata l'anestesia. Anche le malattie contratte nei primi mesi possono lasciare una certa fragilità nel bambino, che resta più esposto alle tensioni e agli stress dell'ambiente.

Bisogna considerare inoltre il modo in cui la madre e il padre interagiscono e rispondono al bambino. È molto importante che la madre sia sensibile ai segnali e alle comunicazioni del figlio,[3] ossia riesca a riconoscerli e interpretarli, in poche parole a vedere le cose dal punto di vista del bambino. Quando il neonato piange oppure rifiuta di attaccarsi al seno, la madre sensibile cerca in primo luogo di capire, sa aspettare senza fare pressioni, consentendogli di esprimere i suoi desideri e le sue tendenze. Ad esempio può succedere che il lattante, per prendersi una pausa, si stacchi dal seno della madre mentre sta succhiando, e non è chiaro se c'è qualcosa che non va oppure se sta per riprendere a succhiare. Mentre la madre apprensiva e preoccupata di essere una brava mamma non sa aspettare e mette subito in bocca al bambino il capezzolo, la madre sensibile sa tollerare l'incertezza perché per lei è più importante capire che cosa vuole il suo piccolo.

Ugualmente importante è saper cooperare col figlio, riuscendo a valorizzarne l'autonomia. Proprio nel corso dei primi mesi questa facoltà è decisiva perché se da principio è la madre a prendere l'iniziativa, per esempio mettendo il seno in bocca al bambino oppure staccandolo per farlo respirare, successivamente lui acquisisce la capacità di essere più attivo, se la sua autonomia gli viene riconosciuta. E sempre nel primo anno è importante che la madre sia in grado di bilanciare e far convivere i sentimenti positivi e negativi verso il figlio che si possono scatenare in particolari situazioni. Ad esempio quando il bambino rifiuta in modo ostinato di attaccarsi al petto e di succhiare, oppure emette un pianto inconsolabile, può succedere che la madre perda la pazienza e si faccia travolgere dall'ostilità e dalla rabbia, innescando una sequela di sensi di colpa e di tentativi di farsi perdonare.

Dopo i primi sei mesi si può dire che il bambino si è ormai stabilmente attaccato alla madre e al padre, e sa che la loro presenza lo tranquillizza. È inoltre in grado di mantenere e regolare la propria vicinanza alla madre e al padre o alle altre persone che si prendono cura di lui, sia chiamandoli col pianto o coi vocalizzi, quando ha bisogno di loro, sia cominciando a muoversi verso di loro. Col primo anno può addirittura camminare e raggiungere i genitori, si attacca alla gonna della madre, tende le manine quando vuole essere preso in braccio, la chiama quando va via per tenerla vicino a sé.

Bambini sicuri e bambini evitanti

Intorno a un anno di età l'attaccamento ai genitori è ormai forte, anche se nei bambini si manifesta in modo diverso.

Cominciamo da Piero, che ha circa un anno, un viso sveglio e allegro. La mamma ha deciso di riprendere il lavoro alcune ore al mattino e ha chiamato una ragazza che si occupi di lui quando lei è fuori. È il primo giorno che si tenta l'esperimento. La madre è preoccupata, non sa se suo figlio accetterà di rimanere con Nora, la ragazza che ha scelto. Quando arriva Nora, Piero è piuttosto diffidente, la guarda con attenzione e si avvicina alla mamma da cui vuole essere rassicurato. E che, invece, cerca di convincerlo ad avvicinarsi a Nora, ma il piccolo continua a starle attaccato alla gonna, da cui non vuole staccarsi. Segue tutto quello che succede e guarda la madre mentre istruisce Nora. Via via che passano i minuti, Piero diventa più amichevole con la ragazza e quando gli offre un pupazzo accetta di giocare con lei.

Quando la madre prende la borsa per andarsene e saluta il figlio, Piero è sempre più allarmato e comincia a piangere disperato. Vorrebbe attaccarsi al suo cappotto per non farla andare via, ma lei ha fretta e non può fermarsi. «Ciao Piero, la mamma torna presto. Stai con Nora che ti fa giocare» tenta di rassicurarlo, senza ottenere grandi risultati. Deve intervenire Nora per prenderlo in braccio, perché altrimenti vorrebbe seguire la mamma fino all'ascensore.

Una volta che la madre se n'è andata, Piero continua a piagnucolare, nonostante i tentativi di Nora di giocare con lui. Finalmente la situazione migliora, Piero appare più tranquillo e accetta perfino di essere imboccato dalla sua nuova amica. Le ore passano e finalmente è il momento del ritorno della madre. Aprendo la porta chiama il figlio: «Piero, la mamma è tornata!».

Piero si illumina in un grande sorriso e comincia a

scuotersi in una gioia incontenibile. Come la madre entra nella sua stanza, si alza dal tappeto e le va incontro ripetendo con un tono di voce via via crescente: «Mamma, mamma, mamma!».

Lei lo prende in braccio e lo stringe a sé, mentre Piero finalmente si scioglie, ormai libero di piangere, senza doversi più controllare. La madre ha capito che il figlio è ancora turbato per essere rimasto senza di lei tutta la mattina e per questo gli si rivolge con una voce tenera: «Che fai, piangi adesso che la mamma è tornata? Ti è mancata la tua mamma? Non ti preoccupare che adesso sta di nuovo con te!».

Piero è un bambino molto legato alla madre, anche se non le sta continuamente appiccicato. Gli piace ad esempio staccarsi da lei e andare in esplorazione nell'altra stanza; e quando viene in casa una persona nuova, dopo un po' riesce a familiarizzare. Però quando la mamma se ne va, come è successo questa mattina, Piero piange e vorrebbe che rimanesse con lui.

Che si può dire del suo attaccamento alla madre? Piero è legato a lei in modo sicuro, ossia si sente protetto dalla sua presenza e nei momenti di difficoltà vorrebbe che gli stesse vicino e lo rassicurasse. In questi momenti sa inviarle dei forti messaggi affettivi, piange per farla ritornare quando lei si allontana oppure è allegro quando gli sta vicino.

Prendiamo ora in considerazione una situazione diversa, quella di Paoletta. È una bambina di poco più di un anno, capelli rossi e un visetto serio. Anche per lei è arrivato il momento di staccarsi dalla madre, che ha ripreso il lavoro. Paoletta dovrà rimanere con la donna a ore, che viene per le pulizie.

Quando al mattino la madre se ne va e lei rimane con la donna, ci troviamo di fronte a un quadro diverso. La mamma la saluta, mentre Paoletta è tutta presa dai suoi giocattoli, seduta sul tappeto del soggiorno. Quando si trova sulla porta, con la coda dell'occhio la madre guarda la figlia, la quale sembra aver appena registrato che se ne sta andando. Paoletta le lancia un'occhiata e accenna a un saluto, ma poi di nuovo riprende a scuotere la sua trottola. Maria, la donna a ore, pulisce il soggiorno e ogni tanto le si avvicina per distrarla con un nuovo gioco, che la piccola prende e mette accanto agli altri.

Qui la mattinata passa più tranquillamente, Paoletta gioca mentre Maria si occupa della casa. A fine mattinata Maria le dà da mangiare la minestra, con un po' di omogeneizzato dentro, e tutto avviene senza grandi problemi.

Ed ecco il ritorno della madre. Paoletta è nel suo lettino, ancora sveglia. La madre entra nella sua stanza e la saluta: «Ciao Paoletta, la mamma è tornata!». Si avvicina al lettino, ma la bimba sta seduta senza cercare in alcun modo di farsi prendere in braccio dalla madre, la guarda e le sorride.

Come abbiamo visto Paoletta è molto diversa da Piero, non pone proprio problemi alla madre, che se ne può andare senza preoccuparsi per le reazioni della figlia. Dà l'impressione di essere una bambina piuttosto controllata, che non esprime forti emozioni, mentre è particolarmente interessata ai suoi giochi. È sicuramente attaccata alla madre, ma in un modo particolare, non cerca forti contatti fisici, non reagisce quando si allontana e non ha manifestazioni di gioia quando ritorna. È una bambina piuttosto evitante, che non ama le smancerie e che riesce a mantenere un rapporto a distanza.

Ma gli stili di attaccamento non finiscono qui. C'è anche Luisa, una bambina della stessa età, con un grande ciuffo di capelli neri. Anche per lei giunge il momento del distacco quando la madre deve riprendere il lavoro. Nel palazzo abita una giovane baby-sitter che è disposta a rimanere qualche ora con Luisa. Qui la situazione si fa subito più complicata, perché non appena arriva la baby-sitter Luisa si allarma e comincia a piagnucolare, pretendendo di rimanere in braccio alla mamma. Ogni tentativo della baby-sitter, una ragazza dall'aria cordiale, di avvicinarsi a

Luisa fallisce perché la bambina ha un'aria molto tesa e allarmata, che diventa sempre più evidente quando vede che la madre si sta preparando per uscire. Il distacco è traumatico per tutti. Luisa piange disperata, cercando di afferrare la madre, che se ne va piena di sensi di colpa e incerta se rimanere con la figlia. Anche la baby-sitter non si aspettava di trovarsi in questa tragedia, che prosegue per tutta la mattina, perché la piccola è inconsolabile e continua a piangere, rifiutando ogni gioco che le viene proposto.

Le ore non passano mai per la povera baby-sitter che si prodiga in ogni modo, senza successo. Si sente estenuata, ma anche infastidita da questa bambina che non si vuole calmare e continua a guardare la porta come un cane bastonato, ripetendo «mamma, mamma».

Finalmente la mattina finisce, si sente l'ascensore che si ferma al piano ed entra dalla porta la madre con aria trafelata, chiedendo: «Come è andata? Luisa è stata brava?». La scena parla da sola: Luisa che piange come un vitello e la povera baby-sitter stravolta, perché in tutta la mattina non è riuscita a combinare niente, neppure a far mangiare la bambina!

La madre letteralmente si precipita a prendere la figlia che si lancia nelle sue braccia. Ma invece di calmarsi Luisa piange ancora più forte, con un pianto quasi di rabbia e mentre la mamma la stringe a sé comincia a inarcare la schiena e a scalciare. È quasi un corpo a corpo, la madre la stringe e la bambina da un lato vuole starle in braccio, ma dall'altro sembra quasi resisterle, contraendo tutti i muscoli del corpo. Accenna addirittura a darle uno schiaffo sulla guancia.

Rispetto a Piero e Paoletta, Luisa è ancora diversa. Sembra attaccatissima alla madre, non vuole in nessun modo staccarsi da lei e non vuole andare con nessun altro. Ma il fatto strano è che al ritorno della mamma, pur essendo contenta di rivederla, non si tranquillizza, continua a piangere e sembra addirittura arrabbiata, infatti continua a scalciare e le dà uno schiaffo. Si tratta di una bambina che ha un attaccamento ambivalente, manifestando allo stesso tempo un legame molto forte e un risentimento verso la madre.

Il legame che rassicura

Abbiamo davanti agli occhi il quadro di tre bambini a un anno: uno sicuro, uno evitante e uno ambivalente. Ma perché si comportano in modo così diverso? Sono bambini che sono nati già differenti oppure hanno avuto, ognuno, una storia familiare particolare?

Le ricerche degli ultimi anni hanno confermato che all'origine del loro comportamento è una storia familiare diversa. Cominciamo da Piero, che ha avuto una madre attenta ai suoi segnali e sollecita a rispondergli quando piange o ha difficoltà, come ad esempio le coliche intestinali, oppure i frequenti risvegli notturni. In questo modo Piero ha imparato che la mamma è una persona disponibile, pronta a intervenire quando lui la chiama. Si è stabilita una relazione sicura, perché Piero si sente tranquillo e fiducioso che in caso di difficoltà lei sarà pronta a rispondergli. Da questo punto di vista la sicurezza non è tanto una caratteristica personale di Piero, quanto piuttosto una qualità del suo rapporto con la madre, basato sulla reciproca fiducia. Piero giungerà a rappresentarsi la madre come una persona disponibile e amorevole e vedrà se stesso come un bambino desiderato e amato.

Tutto questo ha importanti riflessi sull'autostima di Piero, che sa di poter contare sulla mamma, perché lei gli ha dato innumerevoli prove del suo amore.

Va anche aggiunto che fra la madre e Piero esiste una ricca gamma di affetti, una sorta di grammatica affettiva che entrambi hanno imparato. Riescono a capirsi vicendevolmente, in ogni momento, sia quando si sentono arrabbiati o dispiaciuti, sia se sono allegri o tranquilli. Quale maggiore sicurezza può esserci, se non quella di capirsi e di avere fiducia nell'altra persona? Anche in futuro, quando sarà cresciuto, Piero sarà in grado, nei momenti di difficoltà, di chiedere aiuto a chi gli sta intorno, sapendo sollecitare una risposta positiva. Si può dire che nella sua vita saprà dar valore ai rapporti, riconoscendone l'importanza nel quotidiano.

Ben diversa è la storia di Paoletta. Sua madre, pur amando molto la figlia, è una donna piuttosto controllata, che raramente la prende in braccio e non accorre sollecitamente quando lei piange. È infatti convinta che i bambini vadano guidati e educati stimolando, per quanto possibile, il loro autocontrollo e la loro autonomia.

La mamma di Paoletta è una persona sempre piuttosto razionale, che non vuole lasciarsi andare alle emozioni. Desidera che la figlia raggiunga presto una regolazione personale e si infastidisce quando è piagnucolosa o le chiede con insistenza di starle vicino. Se la bimba è troppo esigente reagisce col rifiuto, mentre preferisce incoraggiare ogni suo passo verso l'indipendenza.

Paoletta ha via via imparato quello che la madre si aspetta da lei. Evita di piangere o di strillare, perché quando lo faceva, in passato, la mamma invece di accorrere addirittura si allontanava infastidita. Intorno a un anno Paoletta è una bambina che si comporta come sua madre desidera, non sollecita il contatto fisico e non chiede di essere presa in braccio. Più che ricercare i rapporti si dedica al gioco e all'esplorazione della casa, dimostrando di potercela fare da sola.

Paoletta appartiene alla categoria dei bambini che comunemente vengono definiti socializzati, stanno facilmente con persone estranee, non si allarmano in ambienti nuovi e se vanno all'asilo nido si adattano subito, senza piangere e sbraitare. Come dice la mamma: «Paoletta dove la metti sta». Quando crescerà, sarà una ragazza sempre piuttosto controllata, avrà qualche amica, con la quale il rapporto non sarà mai troppo profondo. Le piacerà dedicarsi alle sue attività e non sarà una persona che ama parlare di se stessa e dei propri sentimenti. Nei momenti di difficoltà la sua filosofia sarà quella di stringere i denti e di cercare di risolvere i problemi da sola, proprio perché non ha mai imparato a chiedere agli altri.

Due film recenti raccontano bene il mondo delle persone distaccate e controllate. Il primo è *Un cuore in inverno* e il secondo *Quel che resta del giorno,* i cui protagonisti scelgono di non rischiare per un rapporto d'amore e preferiscono dedicarsi al loro lavoro, l'uno di restauratore di violini, l'altro di maggiordomo nella casa di un nobile inglese.

Vediamo ora la storia di Luisa. Sua madre appartiene al tipo di donna che ha coi figli rapporti alternanti. In alcuni momenti è affettuosa e addirittura iperprotettiva, sta dietro ai figli, li imbocca e li cura con una premura ansiosa: «Vieni qui da mamma tua. Se non ci fosse tua madre che si occupa di te, che faresti?». In altri momenti, quando si sente messa alla prova dai figli, reagisce con fastidio e può diventare anche violenta, si arrabbia con la figlia, la insulta e la accusa di non saper fare nulla.

Fin da piccola Luisa si è trovata di fronte una madre imprevedibile, che alterna comportamenti diversi, che la lasciano sconcertata e impotente. Mentre Piero e Paoletta sanno quasi sempre come la madre reagirà nelle varie situazioni, per Luisa è difficile fare previsioni e questo l'ha resa ansiosa e perennemente in allarme. Per tenere sotto controllo sua madre, l'unico modo è quello di starle appiccicata fisicamente, cercando di scoraggiare, in ogni modo, che lei se ne vada. Data l'imprevedibilità della mamma, Luisa non è in grado di capire se ha intenzione di andarsene oppure vuole rimanere con lei. E per ogni bambino, come per ogni persona, è necessario vivere in un mondo prevedibile.

Come abbiamo visto, Luisa non sopporta che la madre se ne vada, perché non sa mai se tornerà. Cerca allora di abbarbicarsi a lei e di trattenerla: questa è la sua unica difesa. Quando la mamma torna, Luisa si getta letteralmente nelle sue braccia, ma allo stesso tempo è arrabbiata con lei che l'ha lasciata e le dimostra il suo risentimento dandole uno schiaffo. Con questo schiaffo le sta dicendo: «Perché te ne sei andata, sono arrabbiata con te, non voglio più che te ne vada!». Inconsapevolmente, Luisa la fa sentire colpevole. E la colpa è il migliore mezzo per imbrigliare gli altri.

Anche Luisa come sua madre è diventata una bambina imprevedibile, vuole la mamma ma allo stesso tempo reagisce prendendola a schiaffi. E quando crescerà continuerà a comportarsi in questo modo, cercherà i suoi amici ma perderà con facilità la pazienza, diventando aggressiva.

Si tratta evidentemente di modi diversi di avere rapporti con le persone a cui si è più legati, comportamenti che riscontriamo ogni giorno intorno a noi.[4] Sono strategie comuni, che di volta in volta sono probabilmente le più efficaci in quel rapporto. E a questo proposito c'è da aggiungere che Piero, Paoletta e Luisa possono avere col padre un attaccamento diverso, perché non è detto che quello che funziona con la madre funzioni anche con l'altro genitore.

Ogni bambino sviluppa attaccamenti importanti con le persone che si occupano di lui, ad esempio la mamma, il papà o i nonni. Ogni legame assume una sua fisionomia, a seconda delle risposte diverse che il bambino ottiene dai suoi familiari. E questi attaccamenti in seguito potranno condizionare le scelte delle amicizie e soprattutto quella del partner sentimentale. L'attaccamento, infatti, rappresenta nei rapporti affettivi una specie di bussola regolativa. Nei momenti significativi si prende la direzione che l'ago della bussola indica: è lì che si deve andare, perché è la strada che meglio si conosce e che dà più sicurezza.

Sempre a questo proposito è risultato da molte ricerche che lo stile di attaccamento si trasmette nel corso delle generazioni, anche se naturalmente possono esserci dei cambiamenti. Vi è una discreta concordanza, circa del

70%, fra lo stile di attaccamento della madre e quello dei figli. Non si tratta evidentemente di trasmissione genetica; sono piuttosto in gioco le influenze che la madre esercita sul figlio, attraverso i suoi affetti e i suoi comportamenti, e che interagiscono con le caratteristiche di lui.

Se da bambini l'attaccamento ai genitori consente di regolare la propria sicurezza personale, in altre fasi della vita dovremo percorrere nuove strade per cercarla. Mentre inizialmente è la presenza fisica dei genitori che serve a rassicurare il figlio, in seguito il rapporto con loro viene interiorizzato, contribuendo a creare in lui un baricentro interno che dà stabilità alla vita mentale. Crescendo acquisterà sicurezza, ad esempio affrontando le situazioni più impegnative, oppure riuscendo a fronteggiare momenti di crisi, senza farsene travolgere.

Se prevedo, mi sento più sicuro

Piero, Paoletta e Luisa hanno imparato abbastanza bene a destreggiarsi nella vita. Sanno interagire con i genitori per mantenere un certo grado di sicurezza, soprattutto nei momenti di difficoltà, quando ad esempio si sentono male fisicamente oppure restano soli. Com'è naturale, il modo di regolarsi è diverso: in un caso il bambino è completamente dipendente dalla presenza della madre, in un altro si basa sulla propria capacità di autocontrollo e infine, in un altro ancora, trova un certo equilibrio fra l'attaccamento e le proprie capacità di esplorazione autonoma.

Ma se questo vale per i primi due anni, in seguito le capacità del bambino si moltiplicano e le sue possibilità di adattamento si ampliano.

Il linguaggio in primo luogo. Mentre all'inizio i mezzi per segnalare i suoi bisogni erano piuttosto limitati, ora il bambino sa chiamare la mamma comunicandole i propri stati d'animo: «Mamma vieni... paura, paura!» oppure «mamma... fame... pappa» e così via. E il linguaggio non gli serve solo per comunicare, gli consente anche di organizzare l'esperienza e farla propria. In un bellissimo libro americano[5] vengono raccolti saggi di vari studiosi che si sono interrogati sul significato dei monologhi che Emily, una bambina di circa due anni, pronunciava al momento di andare a letto, di sera. Emily, come ogni bambino della sua età, quando andava a dormire rimaneva a lungo nello stato lievemente irreale fra la veglia e il sonno. E in quel momento si concentravano nella sua mente linee associative diverse, ciò che era successo durante il giorno o ciò che si aspettava sarebbe potuto succedere in futuro. Così nel suo lettino Emily si raccontava con un linguaggio piuttosto frammentario: «Papà oggi... tornato... giornaletto», rievocando la sua gioia per il fatto che suo padre le aveva portato in regalo un giornaletto illustrato. Oppure, se aveva visto per strada due cani che si azzuffavano e si era impressionata: «Due bubù botte». O anche, preparandosi alla prossima nascita del fratellino, ripeteva con tono allarmato: «Mamma, altro bimbo!».

Emily si costruisce con le sue parole un mondo in cui vivere, fatto di persone e di eventi che sono avvenuti o che stanno per verificarsi, riconfermando un'affermazione dello scrittore americano Henry James, secondo cui le avventure succedono solo alle persone che le sanno raccontare.

Oltre a raccontarsi e riraccontarsi la propria vita, una sorta di copione personale che prende corpo in un monologo, ciò che è decisivo nell'autoregolazione è la capacità di comprendere i propri stati d'animo e quelli degli altri. Se riesco a capire il punto di vista e le convinzioni delle altre persone so come mi devo comportare e che cosa mi posso aspettare da loro. Come in una partita di scacchi in cui le mosse di ogni giocatore non sono solo basate su una propria strategia, ma anche sulla previsione di tutte le possibili contromosse dell'avversario.

Si tratta della capacità di elaborare una «teoria della mente», come è stata definita,[6] ossia di una particolare competenza nel leggere il pensiero delle altre persone. È una capacità quasi contagiosa, perché si apprende fin dai primi mesi in famiglia. Esistono genitori che sanno decifrare gli stati d'animo e trattano il figlio neonato come se fosse un essere dotato di intenzionalità. Quando ad esempio la madre si rivolge al figlio di due mesi dicendogli: «Oggi non mangi perché sei arrabbiato con tua madre!», gli attribuisce uno stato d'animo che probabilmente il bambino non sta provando. Però lei non può fare a meno di riconoscere e di attribuire a suo figlio una intenzionalità che il bambino comincia ad avvertire negli scambi quotidiani. C'è qualcosa che va al di là dei rapporti momentanei, il bambino avverte che la madre gli riconosce qualcosa che avviene in lui, e di cui non ha ancora coscienza.

In questo particolare clima di tensione emotiva e di reciproco riconoscimento il bambino impara a intuire gli stati d'animo di sua madre, se è contenta, se è dispiaciuta o se è arrabbiata. E ciò lo aiuta immediatamente a orientarsi, proprio come succede a ciascuno di noi quando incontra un'altra persona, che sia sul lavoro o nei rapporti personali, e si fa un'idea del suo stato d'animo e delle sue intenzioni.

Questo interessante filone di ricerca prende l'avvio da un esperimento condotto da Premack e Woodruff (e pubblicato sulla rivista scientifica «Behavioral and Brain Sciences») sulla capacità degli scimpanzè di prevedere il comportamento degli uomini. Dalle scimmie ai piccoli umani il passo è stato breve e sono stati messi a punto vari esperimenti per studiare lo sviluppo della teoria della mente nei bambini. In uno di essi veniva mostrata al piccolo una scatola da cioccolatini, la si apriva e al posto dei cioccolatini veniva messa una penna; poi la scatola era richiusa. A questo punto si domandava al bambino: «Se adesso viene un tuo amico e gli chiediamo di dirci che cosa c'è nella scatola, che cosa risponderà?». Prima dei 3 anni i bambini tendono a rispondere: dirà che dentro la scatola c'è la penna, proprio perché hanno difficoltà a distinguere quello che loro sanno da quello che potrebbe sapere un bambino che ignora il reale contenuto della scatola. Dopo i 3 anni i bambini cominciano a capire qual è il punto di vista dell'amico, a mettersi nei suoi panni e ad attribuirgli desideri, emozioni, intenzioni, pensieri e credenze.

Questo è un grande passo avanti nei rapporti con gli altri. Acquisire una teoria della mente significa rendersi conto che la realtà può essere vista da ciascuno con occhi diversi.

I genitori di fronte al figlio che cammina

In ogni famiglia ci sono particolari momenti di passaggio che ne segnano la vita, come la prima parola del figlio oppure i primi passi. E succede che quando ci si ritrova insieme questi momenti vengano ricordati, quasi si trattasse di eventi mitici che contribuiscono a creare una storia comune.

Quando il bambino comincia a camminare e si avventura con passo incerto nel mondo, avviene in famiglia qualcosa di speciale. È il segno evidente che si sta concludendo il suo primo anno, periodo di incertezze e di apprensioni. Ormai il bambino è arrivato a una svolta nella sua vita, sta crescendo e ce la fa con le proprie gambe!

Allo stesso tempo gli si aprono nuovi orizzonti. Non sono più soltanto i genitori che possono allontanarsi da lui, ma anche lui a sua volta comincia ad allontanarsi attivamente da loro. E può farcela a staccarsi da loro se ha fiducia che rimarranno sempre alle sue spalle ad aspettarlo. Capisce che non deve stare appiccicato ai suoi genitori, può cominciare a esplorare da solo il mondo e guardare da lontano la mamma, che sta leggendo, oppure chiamarla da un'altra stanza per essere sicuro che non sia andata via. Queste prime esperienze di stare solo con se stesso, pur in presenza dei genitori, lo aiutano a riconoscersi e a iniziare un dialogo interiore. Non è infrequente, infatti, che il bambino commenti ad alta voce queste sue prime esplorazioni, quasi a volersi rassicurare e rendersi più comprensibile quello che sta facendo.

Naturalmente nel corso delle esplorazioni può succedere che senta di essersi allontanato per troppo tempo dalla madre e che gli venga il magone: è ora di ritornare da lei, per un «rifornimento» affettivo. Quando il bambino comincia a camminare trova un equilibrio che non riguarda solo il suo corpo, ma anche il suo stato psicologico.

La sicurezza interna costituisce per lui il baricentro affettivo. Quando si allontana dalla mamma e dal papà deve imparare ad affrontare la paura di perderli, proprio come nella favola di Pollicino. E come Pollicino deve lasciare gli indizi per riuscire a ritrovarli, sono troppo necessari alla sua sicurezza.

Nei primi anni ritorna spesso la paura di perdere i genitori e di rimanere soli. A volte viene mascherata con la paura dei ladri, che evidentemente evoca il pericolo della perdita. Ma anche i genitori hanno i loro timori quando vedono il figlio che comincia a camminare con passo trionfante, quasi si preparasse a dominare il mondo.

Osservando il bambino in questo periodo si rendono infatti conto che, dopo essersi lanciato nelle sue esplorazioni casalinghe, pieno di entusiasmo, può improvvisamente perdere la sua sicurezza e trasformarsi in un bimbo piagnucoloso che si rivolge con insistenza alla madre: «Mamma... mamma... braccio... braccio!».

Che cosa gli sta succedendo? si chiedono i genitori preoccupati. Il padre e la madre di Lorenzo, come tanti altri, seguono con attenzione il figlio che adesso ha 18 mesi e che ormai cammina quasi speditamente. Corre in continuazione e a volte per l'eccitazione inciampa e finisce a terra. Dapprima si coglie dalla sua espressione un senso di soddisfazione: si sente addirittura onnipotente, può fare tutto quello che fanno mamma e papà. Però ben presto il suo viso è attraversato da un'ombra, si ferma, si guarda intorno con un'espressione quasi preoccupata, probabilmente si chiede dov'è sua madre.

Non è più il bambino di prima: torna infatti sui suoi passi chiamandola insistentemente. Paure opache gli entrano come tarli nella testa, subentra in lui un'improvvisa fragilità: «Ho perso la mamma? Forse non mi vuole più bene, perché me ne sono andato via?».

Il conflitto che occupa la sua mente nasce dal contrasto fra il desiderio di diventare autonomo e mettere alla prova le sue capacità e il legame di attaccamento alla madre, che ha il potere addirittura magico di tranquillizzarlo.[7]

Il bambino, quando torna dalla madre, vuole da una parte che lo rassicuri e lo tranquillizzi, che stia lì ad aspettarlo, ma dall'altra desidera che lei riconosca quanto è stato bravo, dicendogli ad esempio con aria fiera: «Bravo, dove sei andato? Che cosa hai visto? Dillo alla mamma!».

Però non sempre le mamme sono disposte ad accettare l'autonomia del figlio e si preoccupano quando se ne va nell'altra stanza, perché ancora cammina in modo incerto e facilmente si fa male. E quando il bambino torna, invece di condividere la sua emozione per essersi avventurato da solo in casa, la madre può scoraggiare la sua autonomia, dicendogli ad esempio: «Adesso vieni a cercare la mamma, dopo che te ne sei andato via. Ora fai da solo, tanto la mamma se ne va!».

Altre volte l'intervento può essere più pesante: «Va bene, vai, vai, tanto la mamma si prende un altro bambino!».

I modi per scoraggiare i bambini di questa età sono tanti. Ad esempio, metterlo in guardia, dicendogli: «Vai, vai, poi quando cadi e ti fai male, non venire qui a piangere». Oppure suscitare delle paure spesso ingiustificate, come ad esempio: «Vai di là, vedrai che arriva l'uomo nero che ti porta via».

Si tratta di varie strategie usate per scoraggiare il figlio e per tenerlo sotto controllo. Però hanno tutte il limite di amplificare le sue paure di perdere la mamma o il suo affetto, oppure di dover affrontare un mondo troppo minaccioso, dove può incontrare dei pericoli imprevedibili.

Le madri avranno già capito, credo, che questi interventi creano ansie troppo forti nel bambino, in un momento in cui comincia a distaccarsi e a mettere alla prova le proprie capacità. E lui può reagire rinunciando all'autonomia e al piacere di esplorare il mondo, diventando un bimbo appiccicoso e intimorito da quello che gli succede intorno.

Ma ci sono anche madri che si comportano in altro modo. Vorrebbero che il figlio diventasse rapidamente autonomo; non è sufficiente che cominci a muovere i primi passi, lo vorrebbero già grande. In queste situazioni possono sfidarlo: «Fammi vedere quanto sei grande!», oppure scoraggiarne la dipendenza e il bisogno di rassicurazioni: «Quanto sei appiccicoso, mi stai sempre attaccato», o anche prenderlo in giro quando piange per stimolare il suo autocontrollo: «Ma che fai, piangi come una femminuccia. Un bambino che piange non piace alla mamma!».

In questi casi il bambino può sviluppare un'autonomia troppo precoce, prima che sia in grado di valutare se stesso e i possibili pericoli dell'ambiente. A volte ci capita di vedere questi piccoli che si avventurano sulla spiaggia senza preoccuparsi di essersi allontanati dall'ombrellone, oppure vagabondano nei meandri della stazione, fino a che la madre viene richiamata dall'altoparlante per andare a riprendere il figlio.

In questo conflitto fra bambino e madre, in cui sono in gioco l'indipendenza e l'attaccamento del piccolo, il padre può avere un ruolo decisivo per risolvere le ambivalenze reciproche. Quando il figlio ha questa età, può sostenerne fortemente l'autonomia, sia coinvolgendolo in giochi fisici che mettano alla prova la sua forza e la sua abilità muscolare, sia condividendo il piacere dell'esplorazione. Il bambino percepisce tutto ciò e manifesta un particolare piacere di stare con papà e di uscire con lui, mentre la mamma si sente messa da parte.

Vorrei rassicurare i genitori: tutto questo è necessario

per aiutare il bambino a costruire la propria identità. E mentre la madre è particolarmente importante nel primo anno di vita, il padre diventa indispensabile quando il figlio comincia a camminare. Proprio in questa età il bambino ha bisogno di due figure diverse, di cui una rappresenta il polo affettivo e l'altra il polo dell'autonomia e dell'esplorazione. Non necessariamente la prima deve essere la madre e la seconda il padre, è importante però che una delle due ne sostenga l'autonomia.

Raccontiamo insieme il mondo

Ci sono genitori che sono abituati a parlare col figlio e a commentare quello che fanno insieme, particolarmente nel periodo fra i 2 e i 4 anni.

Prendiamo il caso di Lorenzo, che adesso ha 3 anni. Gli piace andare per casa col suo triciclo a tutta velocità, da spericolato; e correndo gli succede di cadere e di sbucciarsi un ginocchio. Allora, in lacrime, va dalla mamma per essere medicato. Non appena arriva, la madre gli chiede che cosa gli sia successo e poi, mentre lo medica e gli applica un cerotto, commenta via via quello che sta facendo: «Adesso la mamma mette un bel cerotto a Lorenzo, che va troppo forte e poi cade per terra e si fa male... ecco qui, puliamo bene con l'acqua ossigenata così la ferita si chiude presto... ecco, la mamma taglia il cerotto e lo mette bene, così la ferita rimane coperta...».

La madre fa tutto questo in modo spontaneo, senza pensarci. E mentre all'inizio Lorenzo continua a piagnucolare, poi rimane in silenzio, quasi ad ascoltare quella radiocronaca.

Vari ricercatori hanno messo in luce che parlare di un'esperienza e commentarla con un bambino può influenzare sostanzialmente il modo in cui egli la ricorda. Si tratta di una specie di copione, uno *script*[8] che gli rimane impresso nella memoria e gli serve a comprendere meglio il suo mondo, le persone, gli oggetti e gli eventi che ne fanno parte. In base a questo copione sa che, se corre troppo forte col suo triciclo, può cadere a terra e farsi male. Oppure che quando si fa male può andare dalla madre che lo medica, disinfettandolo e mettendogli un cerotto.

Spesso in famiglia si passa il tempo leggendo insieme dei libri illustrati o commentando fotografie di famiglia: «Vedi, qui Lorenzo era ancora piccolo, stava in clinica con la mamma». Quando la mamma o il papà chiedono al figlio: «E questo qui chi è?», «Ti ricordi che cosa c'era lì che ti era piaciuto tanto?», contribuiscono inconsapevolmente a riorganizzarne la memoria narrativa.

Tutto questo ha una grande importanza nello sviluppo del bambino, perché le domande dei genitori lo aiutano a costruirsi una sorta di schedario in cui mettere le sue informazioni per elaborare un proprio testo narrativo.

Se osserviamo i genitori, quando parlano con i figli di qualcosa che è successo, notiamo che possono farlo con due stili diversi: uno più narrativo, un racconto dinamico in cui si sottolineano le sequenze temporali e causali della vicenda, le motivazioni, i sentimenti e i movimenti verso un obiettivo o un fine; l'altro, definito paradigmatico,[9] è più statico e descrittivo, e mette in luce singoli aspetti e parti del racconto, con una minore attenzione alla totalità dei fatti.

Credo che sia estremamente utile che i genitori imparino a parlare con i propri figli, li aiutino a trovare le parole giuste per descrivere ogni oggetto, li stimolino a costruire gruppi e categorie con cui organizzare la propria esperienza del mondo. Va ricordato che quello che può essere narrato, viene più facilmente ricordato.

Ma oltre a facilitare la memoria, il raccontare agli altri e raccontarsi le esperienze è di estrema importanza per il bambino, perché lo aiuta a riconoscere dei significati in quello che gli sta succedendo e a vivere in un mondo comprensibile, in cui può esistere una continuità fra il passato e il presente. D'altra parte, solo lo scambio verbale con gli altri lo aiuta a capire che su uno stesso episodio ci possono essere punti di vista diversi e a riconoscere meglio il proprio sé. E le narrazioni del proprio mondo costituiscono la base da cui il bambino si può muovere per entrare nel mondo della cultura, della fantasia, dei miti, delle storie e dei drammi.

VII
Io ballo da sola

Che succede con l'adolescenza

Abbiamo parlato molto di quello che avviene durante i primi anni e abbiamo usato la metafora della danza per descrivere gli scambi e le interazioni fra genitori e figli. La danza in famiglia non rimane sempre la stessa, perché il ritmo cambia nel corso del tempo. Quando il bambino ha un anno, ad esempio, il ritmo è diverso da quando, nella fase immediatamente successiva, detta del riavvicinamento, sulla scena fa la sua decisiva comparsa il padre. Col passare degli anni, poi, la famiglia deve fare i conti con i cambiamenti dei figli, che crescono, diventano autonomi, vanno a scuola, fanno amicizie e trovano sempre nuovi interessi che li spingono verso direzioni spesso imprevedibili.

Ma quando il ragazzo o la ragazza entrano nell'adolescenza succede qualcosa che cambia completamente la situazione. Il ballo familiare ormai è fuori tempo, è un ritmo del passato che piace soltanto ai genitori e non più al figlio, che sta cambiando profondamente.

Il titolo del film di Bernardo Bertolucci, *Io ballo da sola*, rende con efficacia questa nuova condizione del giovane che prende le distanze dalla famiglia e inizia a seguire un proprio ritmo.

Ma qual è il ritmo dell'adolescente che, come succede nel film, turba profondamente gli adulti e in primo luogo i genitori?

Quando l'adolescente rifiuta tutto il proprio passato e i legami infantili con i genitori compie una scelta per certi versi obbligata, che se da una parte gli apre le porte del futuro, dall'altra mette profondamente in crisi la sua stabilità e la sua sicurezza. Possiamo dire che il paradosso di ogni adolescente è proprio questo: se vuole crescere deve correre dei rischi e affrontare situazioni che in alcuni momenti lo faranno sentire confuso e senza speranza, mentre se vuole mantenere la sua sicurezza e tranquillità corre un rischio diverso, quello di non crescere e di rimanere intrappolato nel mondo infantile.

Il nodo dell'adolescenza comporta inevitabilmente una crisi di identità. Finora il ragazzo si era di fatto identificato con i genitori, da cui traeva stabilità e certezze. Distaccandosi da loro l'adolescente perde il senso di sicurezza, perché essi rappresentavano per lui una vera e propria bussola: gli indicavano la direzione da prendere, quello che era giusto o sbagliato, quello che andava fatto e così via.

Adesso è tutto diverso, il dubbio entra come un tarlo nella sua mente e gli rende difficile capire che direzione deve prendere. In alcuni momenti si sente addirittura grande, nega ogni dipendenza dai genitori e mostra nei loro confronti una durezza insospettata e ingiustificata. In altri momenti, al contrario, prova nostalgia per quando era bambino e in modo inatteso poggia con tenerezza il capo sulla spalla della madre, ad esempio mentre siede sul divano a guardare la televisione.

Oscillazioni addirittura quotidiane contrassegnano la sua vita. Un giorno succede che il ragazzo o la ragazza si sentano aperti nei confronti degli altri: scherzano, parlano animatamente e mostrano interesse per quello che succede intorno. Un altro giorno invece l'aspetto tradisce subito il loro umore nero, non parlano, non salutano, sono scostanti verso tutti, come se fosse stato fatto loro un grave torto.

I genitori non riescono a capire il figlio. Non è più quello di prima, che si entusiasmava al solo proporgli una gita o un giro in bicicletta, adesso risponde fra i denti che non gli va e si chiude nella sua stanza. E guai ad affacciarsi alla porta, non vuole che nessuno vi entri, ha persino messo un grande cartello: ingresso vietato.

Anche a scuola le cose non vanno meglio. A volte segue le lezioni, è attento, sa fare un buon compito in classe, altre volte si presenta senza libri e quaderni e se ne sta tutto il tempo con la testa fra le nuvole, senza partecipare a quello che succede.

È quasi un luogo comune dire che gli adolescenti rivoluzionano le regole della famiglia. Tuttavia per i genitori è sempre un trauma trovarsi di fronte al figlio o alla figlia che cresce e scoprire che la loro intesa collaudata nel tempo viene messa in crisi.

Fino a quel momento, infatti, sul figlio si sono riversate tutte le aspettative e i desideri dei genitori. E nel corso dei primi anni il bambino ha imparato a capire che cosa si aspettano da lui, quali desideri e quali speranze debba realizzare. Nel gioco di attese e di proiezioni dei genitori, ma anche di tendenze e di capacità personali, il figlio si è costruito la propria identità, che è ancora fortemente legata al mondo familiare.

È in questo periodo che il bambino o la bambina immaginano che diventare adulti significhi essere come la mamma o il papà. Una sorta di teoria ingenua che svela le loro fantasie e la convinzione che i genitori sappiano e possano tutto. Avendo fatto dei figli e avendo costruito una famiglia debbono saper bene come funziona il mondo. A loro volta i genitori sono compiaciuti e confermati nel loro ruolo dai figli e sentono di essere una guida indiscussa.[1]

Ma l'adolescenza viene a distruggere questo mito che aveva tenuto unita la famiglia e rimette tutto in discussione. Quello che sembrava fino a poco tempo prima desiderabile diventa improvvisamente insopportabile. Passare la domenica con i genitori, stare insieme a cena con gli amici di famiglia, trascorrere le vacanze con papà e mamma, parlare a tavola di come è andata la scuola non è più tollerabile, per quanto gli adulti si diano da fare a convincere il figlio o la figlia che nulla è cambiato.

E i genitori reagiscono spesso con l'incredulità, non sanno se arrabbiarsi, sentirsi delusi, oppure cercare di inseguire i figli in fuga e persuaderli che stanno sbagliando. L'immagine che si erano fatta del loro ragazzo non corrisponde più a quella dell'adolescente che passa il tempo nella sua stanza a sentire con le cuffie la musica oppure a tagliarsi i jeans sulle ginocchia come tutti i suoi amici. Anche la figlia, che si taglia i capelli cortissimi oppure si tinge di nero le unghie, non somiglia proprio più alla bambina a cui erano abituati, che amava mettersi le collane della madre e giocare coi suoi vestiti.

Le vecchie regole non valgono più, in primo luogo per i figli, ma nemmeno per i genitori. D'altra parte se tutto rimanesse uguale, come se niente fosse successo, sarebbe veramente un brutto segno. Ci troveremmo di fronte a una famiglia che si difende dai cambiamenti imposti dall'adolescenza rimanendo legata a un passato che ormai sta svanendo.

E allora, che fare?

Se le vecchie regole familiari non valgono più, bisogna trovarne di nuove. Ma non è così facile, perché i percorsi dei genitori e dei figli si divaricano. Gli adolescenti sono affamati di nuovi rapporti al di fuori della famiglia, l'amico o l'amica o il gruppo con cui si incontrano all'uscita di scuola, oppure nel bar vicino a casa. Il destino di padri e madri è diverso, sentono che una fase della loro vita si è conclusa e devono abituarsi al distacco dai figli. E come afferma il buon senso di tutti i giorni, chi se ne va soffre di meno, mentre chi rimane e assiste al distacco è costretto a sentire in modo più forte la perdita.

In genere verso la fine dell'adolescenza, sicuramente dopo i vent'anni, i percorsi cominciano a riavvicinarsi. Il ragazzo o la ragazza sentono il bisogno, dopo gli anni dell'opposizione, del rifiuto o dell'ostentato disinteresse, di ritrovare i genitori. E il reincontro non può avvenire con i genitori del passato, perché nel frattempo l'adolescente ha acquisito nuovi modi di percepire, di pensare e di interpretare la realtà. Non si tratta per lui soltanto di imparare a ragionare per ipotesi e di costruire mondi e soluzioni prescindenti dalla realtà che si trova davanti, ma di acquisire la capacità di riconoscere tendenze contrastanti e aspetti contraddittori in se stesso e negli altri. Si possono amare i genitori, ma anche detestarli per certi loro comportamenti, così come si possono riconoscere nelle persone caratteristiche e qualità diverse, sia positive che negative. Si comincia, cioè, a fare i conti con l'ambivalenza e si scopre che coesistono in ciascuno di noi emozioni e percezioni contrastanti che appartengono a mondi lontani, come l'amore e l'odio, la generosità e l'egoismo, la simpatia e il disinteresse e così via.

Ad esempio è facile che un ragazzo di 13 anni dica: «Sì, quando sono con i miei amici mi succede di parlare e di essere allegro, mentre quando sto a casa mi comporto in modo diverso; è come se fossi due persone diverse, non so perché». Questa consapevolezza è sicuramente un elemento importante per comprendere la complessità dei rapporti umani, che non possono essere ricondotti a un'unica chiave, come succedeva durante l'infanzia quando i genitori venivano idealizzati e venivano loro attribuite soltanto qualità positive.

Ma l'adolescente non solo è in grado di vedere i contrasti, è anche capace di trovare delle chiavi interpretative che spieghino comportamenti in apparenza contraddittori. Lo stesso ragazzo di cui si è detto sopra, quando avrà 15 anni, si esprimerà in modo diverso: «Quando mi trovo coi miei amici parlo di più perché sento che mi trattano come una persona che ha qualcosa di interessante da dire, mentre a casa non mi ascoltano. Non mi va di parlare al muro!».

Questo passaggio è particolarmente importante perché

aiuterà l'adolescente a capire meglio i propri stati d'animo e le proprie reazioni e in definitiva a regolarsi meglio. Allo stesso tempo potrà comprendere che la freddezza o la severità del padre non sono fine a se stesse, ma un mezzo per spronarlo a fare quelle cose che ritiene utili per il suo futuro. Non sono un segno di ostilità, quanto piuttosto l'espressione di un modo diverso di pensare.

Il nuovo protagonista: il corpo

Che cosa mette in moto questi cambiamenti che coinvolgono non solo il ragazzo o la ragazza, ma anche i genitori?

Tutto ha origine dal cervello e da una sua parte specifica, l'ipotalamo, che funziona come un orologio biologico programmato alla nascita, anche se risente dei fattori ambientali, dell'alimentazione e naturalmente degli stati psicologici. Questo orologio, che rimane silente per molto tempo, si comincia ad attivare dopo i 10-11 anni e stimola la produzione di ormoni che provocano l'accrescimento del corpo e la maturazione degli organi sessuali.

Questo evento, la pubertà, iscritto nella biologia di ogni persona, induce nel corpo profonde trasformazioni. Cominciando dal viso, il naso diventa più grande e i tratti più marcati; il ragazzo finisce così per assumere una fisionomia da adulto. Naturalmente il percorso è lungo e il cambiamento comporta asimmetrie e addirittura irregolarità, per cui può succedere che il volto di un adolescente assomigli a quelli disegnati dai cubisti: un naso grosso che sovrasta un viso con fattezze da bambino, oppure un volto che si allunga e diventa più adulto, mentre il naso rimane ancora infantile. Il risultato è spesso ridicolo e il ragazzo o la ragazza si scrutano, quasi non riconoscendosi più. È questa la fase nella quale i genitori, un po' allarmati, vedono i propri figli starsene davanti allo specchio per ore e ore. Si guardano, si studiano, scoprono allarmati che sono spuntati dei foruncoletti e dei peli che hanno mutato la loro fisionomia.

Come è stato ripetuto da molti studiosi della psicologia dell'adolescenza,[2] il primo compito per ogni ragazzo e ogni ragazza è quello di accettare e far propri questi cambiamenti, abituandosi alla nuova immagine di se stessi. Fino alla pubertà ci si era adattati al proprio corpo e al proprio viso, come anche ai propri ritmi corporei, ad esempio quando si avvertiva la fame, oppure al modo di dormire, di correre o di arrampicarsi. E questi ritmi erano ormai per loro così connaturati da diventare addirittura tratti di riconoscimento. La madre o il padre spesso commentavano: «Eh, tu che non vuoi mai mangiare, se non le patatine fritte e gli hamburger», oppure: «Quando si fa sera, dovunque stai ti addormenti come un ciocco».

Ogni bambino sente quei ritmi come suoi, quasi fossero parte integrante di lui. Ma con la pubertà si scopre che non ci sono più punti fissi, persino il corpo che rappresentava una certezza quasi granitica non può essere un'ancora, anche lui può cambiare. E il suo cambiamento suscita disorientamento e paura. Che cosa mi sta succedendo? si chiede l'adolescente.

È tipico di questa età andare incontro a improvvise crisi di sonno, in cui si precipita quasi dimenticando che esiste il mondo, oppure di fame, quando si ha un appetito da lupo e si divora letteralmente tutto, senza riuscire a fermarsi. Il corpo che era stato per molto tempo un compagno sommesso e silenzioso comincia a farsi sentire e pretende di imporre le sue regole. E poiché non valgono più le norme che hanno accompagnato l'adolescente fino ad ora, non è facile capire come funzioni la macchina che si è messa in moto. Inevitabilmente molto tempo deve essere usato per cercare di padroneggiare i segnali del cambiamento in atto, sempre più consistenti e allarmanti.

Per tale motivo l'angoscia, tipica dell'adolescenza, ha a che fare col corpo, un compagno prepotente e imprevedibile che prende in questo periodo le redini della vita. Ecco la chiave per capire molti comportamenti dei giovani, che possono sembrare insensati e incomprensibili.

Bruno, ad esempio, è un ragazzo di 15 anni, alto, un po' efebico, con i capelli rasati che tradiscono il suo lavoro di forbice quasi ossessivo, che gli ha lasciato sul capo delle zone irregolari. I genitori infastiditi gli continuano a ripetere: «Sembra che hai la rogna in testa, perché non vai da un barbiere che te li taglia meglio?».

Ma Bruno è irremovibile, lui sa bene come deve sistemarsi i capelli. Anche i suoi jeans nella loro trasandatezza non sono un frutto del caso, li ha appositamente consumati e tagliati sulle ginocchia. Ai piedi porta degli enormi carrarmati neri, che danno l'idea di travolgere tutto. Non c'è stato nulla da fare per i suoi genitori, la mamma gli ha regalato una giacca di tweed e dei mocassini, ma Bruno non li ha degnati neppure di uno sguardo. Li ha lasciati sul divano del salotto e la madre ha capito che tutto quello che gli propone viene rifiutato.

Che dire ai genitori di Bruno? Come forse si saranno accorti, il ragazzo passa molto tempo occupandosi del suo corpo, intende modellarlo come vuole lui, quasi a dimostrare che gli appartiene totalmente. Questo suo abbigliamento ha dei significati precisi, e innanzitutto serve a chiarire che lui non vuole più vestirsi come piacerebbe ai suoi genitori: potrebbe forse presentarsi ai suoi amici con i pantaloni di flanella che la madre gli ha comprato? Lo guarderebbero tutti e capirebbero che lui è un «soggetto», ossia uno che si fa vestire dai genitori, un poveraccio. Indossando pantaloni rotti e scarpe a carrarmato vuole esplicitamente indicare la sua appartenenza al gruppo di amici, che hanno la stessa divisa.

Anche Sergio è in lotta col proprio corpo. È un ragazzo di 17 anni, alto e magro che porta sempre i pantaloni della tuta, su cui mette un gran golf. Calza delle enormi scarpe da ginnastica che non si toglie mai, nonostante la madre gli raccomandi ogni tanto, senza alcun successo, di mettere delle scarpe di cuoio. In famiglia ci sono state piccole battaglie per il modo di vestirsi di Sergio, ma alla fine i genitori hanno dovuto cedere, e adesso fanno finta di non vedere. Recentemente, per la cena di compleanno della nonna, la mamma gli ha chiesto di indossare una camicia e una giacca, riuscendo però a ottenere soltanto che sui pantaloni della tuta si mettesse una camicia.

Ma quello che ha fatto letteralmente impazzire i genitori è avvenuto il giorno in cui Sergio è tornato a casa con una strana espressione di compiacimento, è andato dalla madre e gli ha mostrato il suo capolavoro: un enorme tatuaggio su un polpaccio, un'aquila ad ali aperte che prendeva il volo da una roccia. I genitori erano allibiti e furenti, non sono riusciti proprio a darsi pace, perché Sergio aveva voluto fare quella immane sciocchezza che non si sarebbe più potuta cancellare.

Anche in questo caso, come per i molti giovani che si fanno tatuare, Sergio ha voluto lasciare sul suo corpo un segno indelebile, quasi la sua firma, come succede per i graffiti sui muri delle città. Così non è più il corpo che la natura gli ha voluto dare, ma è il «suo», quello in cui ha inscritto questa immagine, centro di tante fantasie. Infatti Bruno ci pensava da tempo, ne aveva anche parlato con gli amici, che gli avevano consigliato dove andare per farselo praticare. Poi aveva cominciato a fantasticare: in che punto collocarlo, in un posto nascosto o in un posto visibile? E che immagine scegliere? Non una di quelle che hanno tutti, doveva essere il suo stemma personale. E così, dopo aver raggranellato dei soldi, è andato in un negozietto, dove ha spiegato e contrattato il suo tatuaggio, e ne è uscito con la sua aquila. Camminando nelle strade Sergio è tutto compiaciuto, lui ha qualcosa che gli altri ignorano, è un segreto con se stesso. Finalmente si sente più a suo agio, dopo aver lottato tanto tempo col suo corpo che non gli piaceva e lo metteva in difficoltà.

Gli stessi problemi di questi adolescenti ha Maria. È una bella ragazza di 18 anni, sempre a disagio con se stessa. Quantunque abbia una faccia molto graziosa, si vergogna in continuazione quando gli altri la guardano. Ed è convinta che trovando la pettinatura giusta risolverà tutti i suoi problemi. Si è tagliata i capelli cortissimi e poi li ha tinti di un color platino, così il suo volto è cambiato e non si capisce se sia un ragazzo o una ragazza. Come è tipico di questa età, le sue fantasie sono a volte così travolgenti da obbligare la ragazza a seguirle senza riuscire a filtrarle. Per qualche tempo Maria sembra più tranquilla, ma subito dopo riprende la sua incessante ricerca di se stessa. Allora si tinge i capelli di blu, partendo dalle punte e via via colorando tutta la capigliatura.

I genitori cercano di convincerla ad assumere un aspetto più convenzionale. E pur rendendosi conto che la figlia si sente sempre più a disagio nella propria pelle, hanno paura che, conciandosi in quel modo, pregiudichi il suo inserimento scolastico.

Ripensiamo all'adolescenza di quei genitori che oggi giustamente si allarmano quando vedono i figli devastare e infliggere sofferenze al proprio corpo, infilandosi orecchini da tutte le parti, oppure facendosi incidere braccia o gambe con aghi per i tatuaggi. Per loro l'adolescenza non era stata così traumatica come lo è oggi per i figli. Loro erano protetti da riti di passaggio, che sancivano il grande salto dal corpo infantile a quello adulto. La maturazione fisica veniva a convalidare, allo stesso tempo, l'identificazione col mondo dei genitori.

Oggi non è più così. I rituali di passaggio, quelle rotaie sociali che indicano la strada, evitando pericolosi deragliamenti, non esistono più. Per questo motivo succede che i giovani si sentano molto soli di fronte al proprio corpo, che diviene il luogo di drammatizzazione di tutti i conflitti dell'adolescenza. Il corpo è per loro l'emblema dei desideri e delle aspettative su cui si sono sedimentate le immagini sociali, che in modo sempre più invadente attraverso spot televisivi, film, fotografie di giornali sono entrate nella mente di tutti. Figure filiformi femminili senza fianchi, ragazzi con spalle forti su un corpo magro e muscoloso, e non solo: giocatori di calcio con una treccina che pende sul collo, oppure cantanti con il volto tenebroso nascosto da occhialoni scuri.

Se in passato i genitori ripetevano ai figli che l'abito non fa il monaco, oggi per i giovani l'abito, ossia il taglio dei capelli, le decorazioni del corpo, i vestiti, i giacconi e le scarpe, è essenziale per definire la propria identità e la propria appartenenza al gruppo.

E il monaco? Probabilmente non sono neppure interessati a fare il monaco. Sono soltanto dei giovani.

«*West Side Story*»

Probabilmente molti si ricorderanno del film americano *West Side Story* che fu proiettato sugli schermi negli anni Sessanta. La pellicola riprendeva un'opera musicale del grande musicista Leonard Bernstein, che riusciva a cogliere le grandi trasformazioni del mondo giovanile, iniziate con gli anni Cinquanta.

Il film ripropone in chiave moderna la storia di Giulietta e Romeo, cambiando il contesto del dramma. A lottare fra loro per ostacolare l'amore di due giovani non sono più le famiglie dei Montecchi e dei Capuleti, ma due bande rivali cui i due ragazzi appartengono.

Una storia, questa, che può aiutarci a capire come funzionano i gruppi di coetanei durante l'adolescenza: un periodo in cui giocano un ruolo decisivo, perché rispondono a bisogni psicologici che vengono suscitati dal distacco dalla famiglia.

West Side Story inizia a New York, in uno dei molti spazi asfaltati e recintati che si trovano nei quartieri più poveri, dove i ragazzi giocano a basket fra muri pieni di scritte. Nello squallido campo sportivo si contrappongono due bande giovanili, quella dei Jets, composta da ragazzi bianchi le cui famiglie sono arrivate da tempo in America, e quella degli Sharks, i cui membri appartengono invece a famiglie portoricane immigrate di recente.

Come succede sempre per i gruppi c'è il problema di conquistare l'egemonia, che in questo caso significa il controllo delle strade del quartiere. I due gruppi si contrappongono in un ballo in cui ogni banda si muove all'unisono, esibendo la propria forza e il proprio disprezzo verso gli altri. Seguono tutti un ritmo musicale rapido e sincopato, che sottolinea l'agilità e la prestanza fisica dei giovani, e si stringono intorno ai propri capi: il biondo Riff dei Jets e, per gli Sharks, Bernardo, il cui il colore della pelle tradisce la provenienza. Sono due mondi lontani, che sembrano inconciliabili: i nuovi arrivati e i bianchi che si sentono i figli primogeniti del paese e non accettano l'arrivo di altri popoli, che potrebbero insidiare la loro posizione. E se in passato, come nella storia di Giulietta e Romeo, la lotta era tra famiglie feudali, oggi sono le nuove generazioni a trovarsi in prima linea, per non perdere le opportunità offerte dalla società.

È interessante notare come, dopo la seconda guerra mondiale, i giovani siano entrati più direttamente nella realtà sociale, rifiutando di percorrere la strada già tracciata dai genitori. Anche nel film una delle canzoni cantate dai giovani portoricani racconta il conflitto fra le tradizioni del proprio paese d'origine e la nuova realtà americana che impone regole inedite. Gli Stati Uniti sono infatti il paese che dà maggior spazio ai giovani e che organizza i grandi campus universitari, dove gli studenti vivono fra loro, ormai staccati dalle proprie famiglie.

Come già si è detto l'esigenza di appartenere al gruppo nasce durante l'adolescenza dal fatto che oggi, diversamente dal passato, per i ragazzi la famiglia non rappresenta più un modello. Essi hanno bisogno di entrare nel mondo sociale e di definire nuovi comportamenti e nuove regole e il gruppo dei coetanei costituisce uno spazio alternativo: fornisce cioè un modello di identificazione nel momento in cui i modelli familiari fanno parte del passato. All'interno del proprio gruppo l'identità non è più individuale, ci si sente «noi».

È abbastanza tipico che durante le prime fasi dell'adolescenza il ragazzo o la ragazza abbiano come costante interlocutore un'audience immaginaria, costituita dagli amici e dalle amiche, con cui dialogare incessantemente nella fantasia. Quando fa qualche scelta il giovane si chiede a ogni istante se piacerà ai propri amici, se continueranno ad accettarlo oppure questo diventerà motivo di rifiuto o di esclusione.

Tale esigenza di vivere mentalmente in un gruppo è legata al fatto che l'adolescente, data la fragilità del suo sé, si sente solo e vuoto, in preda ai propri turbamenti e alle proprie angosce. Il gruppo è il nuovo porto di sicurezza, è come avere un amico sempre vicino, che capisce e che fa da specchio. Com'è ovvio, il gruppo che nasce in questo periodo ha delle caratteristiche particolari, che non si ripresenteranno più nella vita. È infatti un gruppo che si muove all'unisono, come appunto i ballerini di *West Side Story*, e in cui l'individualità viene bandita, o perlomeno può esistere solo nel modo in cui il gruppo lo permette.

Come hanno messo in luce molti psicoanalisti che si occupano di adolescenza,[3] nei gruppi valgono alcuni meccanismi psicologici particolari.

In primo luogo l'«uniformismo». Il gruppo infatti tende a fare delle pressioni molto forti sui suoi membri per scoraggiare ogni forma di diversità e favorire piuttosto comportamenti convenzionali, come si può vedere fra gli adolescenti. Se un ragazzo, ad esempio, si compra delle scarpe che non sono quelle canoniche, i suoi amici lo prenderanno in giro e lo faranno sentire un «soggetto» fino a che non avrà accettato le regole di riconoscimento del suo gruppo.

In secondo luogo il mimetismo. Il gruppo è un comodo ombrello sotto il quale l'individualità può scomparire: nessuno è responsabile come persona, non si sa mai come siano andate le cose, chi abbia preso una decisione. Questa è l'impressione che si ricava ogni volta che viene fatta un'indagine per capire chi, al suo interno, sia stato a provocare dei danni oppure a comportarsi negativamente.

Inoltre, come succede in *West Side Story*, i gruppi possono essere a volte esclusivamente maschili, quando si sfidano o si scontrano fra loro, o in altri momenti lasciare posto anche alle ragazze, come avviene durante il ballo. Se nella scena iniziale sono in primo piano la forza e l'agilità dei maschi, nella grande festa, a cui partecipano ragazzi e ragazze, i due gruppi si contrappongono in una danza frenetica, in cui sono in gioco la prestanza, la sessualità e la seduzione, tuttavia colorate anche di tensione e di rabbia. La competizione con i rivali è il motore di questo ballo: facciamogli vedere che siamo più bravi di loro, che sappiamo muoverci meglio e che sappiamo far volteggiare più agilmente le nostre ragazze.

Ma la festa non è solo esibizione e contrapposizione. È qui infatti che avviene l'incontro sentimentale fra Tony, un ragazzo bianco che una volta apparteneva alla banda e ora si è messo a lavorare, e una giovane portoricana, Maria, sorella del capo. E mentre fino a quel momento l'obiettivo del film metteva a fuoco soltanto i due gruppi, ora diventano protagonisti Tony e Maria, che già nelle precedenti sequenze avevamo visto prepararsi mentalmente al grande incontro. Si guardano quasi si riconoscessero, e in questo modo inizia la loro storia d'amore, che subito innesca nel gruppo reazioni contrastanti. Mentre tutti gli amici continuano nella loro sfida, i due innamorati si avvicinano l'uno all'altra accompagnati da una musica melodica, con gesti e movimenti appena accennati e volutamente delicati.

I due gruppi sono investiti dalla tenerezza dell'amore fra Tony e Maria, ma non lasciano spazio a questa unione. I loro schemi di ragionamento sono rigidi e semplificati: o sei con noi o contro di noi.

Tony e Maria, al contrario, usano il linguaggio dell'amore e dell'individualità: tu sei tu e non mi interessa se appartieni al gruppo dei portoricani o dei bianchi.

Il seguito della storia è noto. I due gruppi sembrano decisi a sfidarsi e a distruggersi vicendevolmente e anche il tentativo di Tony e Maria di introdurre il linguaggio dell'amore e della tenerezza inevitabilmente fallisce. L'odio e l'ostilità prendono il sopravvento e lo stesso legame fra i due giovani ne viene travolto.

Il finale sancisce l'impossibilità di un amore che prescinda dall'appartenenza ai due gruppi. Anche Tony e Maria vengono coinvolti dall'odio e solo la morte del ragazzo, vittima delle reciproche rappresaglie, porta nei due gruppi il senso della perdita e del dolore.

Ho raccontato la storia di Tony e di Maria perché ha come scenario le bande giovanili che sono così importanti nell'adolescenza, perché salvano dalla paura della perdita e della solitudine, dopo che è avvenuto il distacco dal mondo infantile. È questo un periodo di fragilità psicologica tale da impedire ai ragazzi e alle ragazze di riconoscere la tenerezza e la vulnerabilità, perché così si esporrebbero troppo a quei sentimenti. E la prima regola, come si vede in ogni gruppo, è mantenere l'invulnerabilità e agire insieme, mostrando disprezzo verso le persone più deboli e in difficoltà. *West Side Story*, ma anche i fatti di cronaca quotidiana, mostrano come all'interno dei gruppi vi sia una logica che potremmo definire paranoica: chi ne fa parte si sente, senza ombra di dubbio, sempre dalla parte del giusto, mentre gli altri, gli estranei, diventano i nemici da combattere senza pietà.

È difficile riuscire a far cambiare loro idea e lo stesso Tony non riesce a convincere i suoi compagni, nonostante sia un coetaneo. E ancora più grandi sono le difficoltà degli adulti, che in questo periodo sono visti, anche loro, come dei nemici.

Quando i giovani scoprono il rapporto di coppia usano un linguaggio diverso, più legato alle esperienze depressive. Sentono l'importanza del rapporto affettivo, soffrono per la sua mancanza e soprattutto per la sua perdita, proprio il contrario di quello che succede nella banda, che dimostra cinismo e durezza.

Per fortuna la corazza affettiva dei due gruppi rappresenta un atteggiamento transitorio, che aiuta i ragazzi e le ragazze a superare questa fase. Dopo qualche tempo l'appartenenza diventa meno indispensabile e si comincia a creare la possibilità di un incontro con l'altro sesso. Sono le prime storie d'amore che mettono definitivamente in crisi il gruppo, per come l'abbiamo descritto. E questo succede prima per le femmine che per i maschi, sui quali il gruppo continua a esercitare un'attrazione molto forte.

Le ragazze, pur partecipando al gruppo, continuano a salvaguardare un contatto personale con i propri sentimenti, come è dimostrato dal fatto che fra amiche si parla molto e che il diario è spesso per loro il confessore segreto degli stati d'animo.

Dal gruppo si esce perlopiù con una storia d'amore che riporta in primo piano la dimensione personale. E mentre al suo interno il legame è sostanzialmente di complicità, nella coppia è fondamentale l'esperienza di condivisione e di intimità, che corrisponde a una capacità più matura.

E se i gruppi di adolescenti con gli anni non si sciolgono, che cosa succede?

Se il gruppo non si scioglie per dare spazio all'individualità si corrono dei pericoli seri, perché esso sopravvive solo per garantire la propria identità, anche se negativa. È quello che succede in molti gruppi che si trasformano in gang, le quali agiscono esclusivamente per colpire e danneggiare gli altri e per riaffermare la propria invulnerabilità.

Mazze e panelle

Ora che si è visto il ruolo centrale del gruppo durante l'adolescenza, va aggiunto che i ragazzi e le ragazze per lo più continuano a vivere in famiglia e sono obbligati a convivere con i propri genitori, con i quali trovano spesso dei compromessi.

Naturalmente quello che succede durante l'adolescenza dipende molto dallo stile familiare, che influenza lo sviluppo dei figli anche in questa fase. Come ha messo in luce una recente ricerca americana,[4] il risultato è abbastanza diverso se i figli sono stati allevati in una famiglia che potremmo definire autorevole o autoritaria, oppure in una famiglia indulgente o ancora in una che li trascuri.

Le differenze sono notevoli nel funzionamento sociale. Infatti i figli di genitori autorevoli hanno un grado di fiducia personale più alta degli altri, mentre quelli di genitori autoritari incontrano le maggiori difficoltà, ancora più di coloro che provengono da famiglie assenti. Lo stesso risulta se si analizza la competenza sociale di farsi degli amici, di mantenere un rapporto positivo e di essere da loro ricercati.

È inoltre interessante valutare la capacità di affrontare con sicurezza compiti complessi. Anche in questo caso i figli di genitori autorevoli mostrano di cavarsela meglio, mentre stavolta sono i ragazzi cresciuti in famiglie assenti a mostrare maggiori difficoltà.

Riguardo agli esiti scolastici, alla capacità di finire rapidamente i compiti a casa e di risolverli in classe, anche qui i risultati confermano le differenze che già abbiamo visto. Se i figli di genitori autorevoli fanno meglio di tutti, quelli di genitori autoritari o indulgenti vanno più o meno allo stesso modo, mentre i genitori poco presenti non danno un sufficiente supporto ai loro ragazzi, che si trovano notevolmente in difficoltà.

Consideriamo ora i possibili sintomi che possono presentare gli adolescenti o le adolescenti, che si tratti di disturbi psicosomatici, come mal di testa e dolori di stomaco, oppure stati di ansia, tensione e depressione. Anche in questo campo si riconfermano i dati che abbiamo già visto. I ragazzi di famiglie autorevoli sono quelli che hanno meno difficoltà, mentre i ragazzi che crescono in ambienti autoritari sono sicuramente i più ansiosi, ma non quelli che manifestano un maggior numero di sintomi psicosomatici.

Infine per quanto riguarda l'uso di droghe e di alcool se ne difendono meglio, come al solito, i figli di famiglie autorevoli, ma se la cavano anche i ragazzi cresciuti in quelle autoritarie, mentre gli esiti peggiori sono rivelati dai giovani provenienti da famiglie in cui non esiste alcuna forma di disciplina. Gli stessi dati si ottengono anche nel campo del disadattamento scolastico e dei comportamenti antisociali, che implicano problemi con la giustizia.

Come si è visto, la famiglia autoritaria fa acqua in molti campi, soprattutto non sa aiutare i ragazzi a trovare un proprio equilibrio psicologico e un adeguato inserimento scolastico. I giovani crescono ansiosi, ma forse la rigidità familiare li protegge dal rischio della droga o dei comportamenti antisociali. Benché le famiglie autoritarie siano sempre meno, esiste ancora questo modo di allevare e educare i figli, che sono costretti ad accettare le richieste dei genitori senza esprimere il proprio punto di vista: alle regole si obbedisce senza discussioni. Quando i figli disobbediscono, i genitori autoritari ricorrono frequentemente a punizioni, anche fisiche.

Ben diversa è la situazione della famiglia autorevole, basata sull'accordo reciproco. Qui i risultati sono migliori in tutti i campi e i figli crescono più equilibrati, più motivati allo studio e con minori difficoltà in campo psicologico e sociale. In questo caso i genitori, pur non rinunciando al proprio potere e alle proprie capacità, cercano di capire il punto di vista dei figli e trovare un compromesso, facendo valere le regole quando è necessario. In tal modo non devono ricorrere se non eccezionalmente alle punizioni, e nella maggior parte dei casi sono sufficienti le loro aspettative oppure il loro incoraggiamento. In queste famiglie, più attente all'individualità dei giovani, si crea un clima di comunicazione e di scambio che rende più facile la soluzione dei problemi.

La famiglia permissiva invece, se riesce a dare un certo equilibrio psicologico ai figli e a consentire una buona motivazione allo studio, mostra tutte le sue insufficienze quando deve offrire stabilità e regole, necessarie particolarmente quando essi entrano nell'adolescenza, e non li protegge adeguatamente dai pericoli che possono correre, come ad esempio la droga o i comportamenti antisociali. Si tratta in questo caso di genitori tolleranti e indulgenti verso gli impulsi e le richieste dei figli, anche nel campo della sessualità o dell'aggressività; non fanno ricorso a punizioni e non impongono norme vincolanti, lasciando che siano piuttosto i ragazzi a trovare una propria regolazione. Il che, giunta l'adolescenza, avviene difficilmente.

Veniamo infine al caso dei genitori assenti. Qui i maggiori problemi emergono nel campo della droga, delle difficoltà di inserimento scolastico e nel campo dei disturbi sociali. Si tratta di un risultato prevedibile perché in questo caso i figli si sentono trascurati e non voluti, spesso sottoposti a regole prive di ogni coerenza e razionalità.

Credo che tali risultati debbano far pensare perché, oltre che ampiamente confermati dal buon senso, sono il frutto di ricerche scientifiche che durano da decenni.

Del resto concordano anche con l'antica saggezza popolare. Infatti un vecchio proverbio napoletano metteva in guardia i genitori con queste parole: «Mazze e panelle fanno i figli belli, panelle senza mazze fanno i figli pazzi». Le mazze significano le botte, ossia le mazzate, mentre le panelle sono i dolci che vengono dati per premio ai bambini.

Secondo questo detto, da non prendere evidentemente troppo alla lettera, è necessario che i genitori trovino un equilibrio fra punizioni e premi; sarebbe infatti pericoloso dare solo gratificazioni ai figli, che potrebbero presentare dei disturbi psicologici. Sicuramente nel proverbio napoletano c'è più buon senso che nel già citato proverbio inglese di epoca vittoriana, che ammoniva: «Se non fai uso del bastone, tuo figlio crescerà viziato!».

Mettiamoci d'accordo

Quando i figli entrano nell'adolescenza si scatenano a volte, in famiglia, conflitti insanabili. Diventa difficile trovare un accordo su infinite questioni: l'ora in cui tornare a casa, l'acquisto del motorino, la scuola, l'ordine nella sua stanza.

Le regole che valevano in passato per risolvere i contrasti rimangono ancora valide, ma a volte si creano tensioni dirompenti: il ragazzo si chiude nella sua camera e non vuole più parlare, mentre padre e madre stanno nel soggiorno tormentandosi e chiedendosi come fare a risolvere questo nuovo problema.

Naturalmente in ogni famiglia il contrasto viene affrontato in modo diverso. I genitori autoritari pretendono che il figlio accetti il loro punto di vista e si adegui alle regole familiari, mentre gli autorevoli, che credono nel dialogo, iniziano una lunga contrattazione.

Sono state studiate le strategie che vengono adottate in ogni famiglia per risolvere i problemi quando i figli sono adolescenti.[5] E le differenze possono essere anche molto grandi. Ci sono famiglie che vanno subito alla ricerca di soluzioni semplici, altre che non si accontentano di strade scontate. Alcune riescono a collaborare alla ricerca di vie diverse, in altre, invece, si crea uno scontro fra punti di vista opposti e se qualcuno propone una soluzione gli altri si alleano per farla fallire.

In alcune famiglie i problemi posti dai figli ormai adolescenti stimolano la ricerca di soluzioni più complesse, in grado di conciliare i vari punti di vista. Se il ragazzo, ad esempio, va male a scuola si cerca di capirne il perché e se ne discute insieme, tenendo presenti anche le sue opinioni. Si ritorna inoltre più volte sull'argomento per cercare di comprendere come stiano le cose e non ci si limiterà a dirgli: «Se ti metti a studiare tutto è risolto!». Si faranno varie ipotesi, si andrà dagli insegnanti per avere ulteriori informazioni, si discuterà col ragazzo cercando di capire se sta passando un momento difficile, che possa influire negativamente sul suo rendimento scolastico. Possiamo dire che in queste famiglie c'è una reciproca fiducia di base, si crede che parlando insieme alla fine si chiariranno le cose. E una soluzione probabilmente si troverà che, giusta o sbagliata, sarà il frutto della partecipazione di tutti.

Funzionano in modo diverso quelle famiglie che cercano di trovare subito una via d'uscita, evitando di tornare troppe volte sull'argomento. È abbastanza tipico di queste situazioni che il padre si rivolga al figlio dicendogli in tono perentorio: «Basta con le chiacchiere, adesso bisogna che tu ti faccia un programma quotidiano: dalle 3 alle 4 fai storia, dalle 4 alle 5 fai filosofia e così via». Una soluzione alla quale egli è arrivato senza consultare la moglie o gli altri familiari, perché in queste famiglie ognuno è abituato a pensare da solo ai problemi e al modo di risolverli.

Sono ancora diverse quelle famiglie che di fronte a un problema nuovo cominciano a preoccuparsi e a interrogarsi ansiosamente. Osservando meglio si scopre che in esse si parla molto, si soppesano le posizioni e gli stati d'animo reciproci, ma si perde a volte di vista qual è il problema. Trovare una soluzione può essere difficile perché si ha l'impressione che nessuna strada sia quella giusta, per cui alla fine si preferisce rimandare la scelta definitiva.

È indubbio che ogni famiglia, dopo molti anni di rodaggio, trova un proprio modo di funzionare, che le permette di superare i vari scogli che si trova di fronte. Si apprendono, nel corso del tempo, strategie che sono il frutto dei legami affettivi e degli orientamenti culturali intervenuti nelle scelte educative. Proprio per questo motivo, quando i figli crescono, è difficile cambiare tali orientamenti.

L'adolescenza può però creare delle condizioni particolarmente conflittuali che mettono alla prova, se non addirittura fanno fallire, tutte le strategie già collaudate. Per questo può essere utile discutere con i genitori su come affrontare i problemi che sorgono durante questo periodo, per aiutarli a fronteggiare la nuova sfida.

Come abbiamo già detto, anche padri e madri devono cambiare quando i figli raggiungono l'adolescenza: devono imparare a loro volta a vedere le cose con occhi diversi. A volte, davanti alle chiusure, alle oscillazioni di umore, alle opposizioni dei giovani, i genitori se ne sentono turbati e infastiditi, e invece di capire si ritirano, ripetendo a se stessi: «Non si sa che cosa vogliono oggi i ragazzi, sono troppo viziati, gli abbiamo dato troppo! Conoscono solo il linguaggio dei diritti, non quello dei doveri». Occorre invece che facciano i conti con la possibilità che il figlio o la figlia rifiutino le loro proiezioni e le loro aspettative. Non più disposti a personificare quello che i genitori vorrebbero da loro, i ragazzi iniziano a questo punto a percorrere una propria strada, costi quel che costi. Credo che padri e madri non debbano mai dimenticare che il figlio durante l'adolescenza ha bisogno di staccarsi da loro e mettersi alla prova in campi diversi, e se viene impropriamente ostacolato oppure bloccato possono crearsi in famiglia gravi difficoltà.

Come affrontare dunque questa nuova realtà?

I genitori durante l'adolescenza dei figli si trovano a dover schivare molti scogli, che possono rendere pericolosa la navigazione familiare. In primo luogo, quando sono preoccupati per il figlio e non riescono a capire quello che sta succedendo, ricorrono spesso a vie diverse, non sempre opportune, per ottenere informazioni sul suo conto. Possono, ad esempio, leggere il suo diario, dove sono appuntati disordinatamente pensieri e fatti della sua vita, oppure frugargli nelle tasche dei pantaloni per trovare indizi o appostarsi dietro la porta della camera per ascoltare le sue telefonate con gli amici. Si tratta di una scorciatoia che sconsiglio. Sì, è vero, permette di sapere rapidamente quello che il figlio non ha voluto dire, ma è una strada molto pericolosa perché, se egli scopre che i genitori lo spiano, si potrà sentire tradito e perdere la fiducia in loro.

Ai suoi occhi i genitori diventano degli spioni che non hanno rispetto per la sua vita.

Quando papà e mamma non riescono a tenere a freno l'ansia e la curiosità si possono creare in famiglia situazioni negative, che comportano sospetti reciproci. I ragazzi si sentono soffocati dalle insistenze dei genitori, i quali, secondo loro, non vogliono rinunciare al proprio ruolo. È vero che, in molti casi, la percezione degli adolescenti può essere distorta dalla paura di affrontare la vita; ma quando la realtà viene pesantemente a confermare le paure, diventa indispensabile per il figlio fuggire dalla famiglia, dove l'aria è diventata per lui irrespirabile.

In secondo luogo, bisogna capire che i figli in questo periodo sono spinti da un desiderio incessante di mettersi alla prova e di dimostrare di poter fare da soli, senza doversi assoggettare ai genitori, come avveniva in passato. Ogni discussione finisce infatti invariabilmente, da parte del ragazzo, con frasi come questa: «Voi non avete fiducia in me, per questo non volete che torni tardi. Non riesco a capire perché non volete che io prenda il motorino di notte: lo sapete che faccio attenzione, non sono mica uno scemo!».

Spesso il braccio di ferro non si risolve, perché da una parte i genitori fanno valere le loro sacrosante preoccupazioni e dall'altra i figli continuano a sostenere che sanno affrontare le cose e che tutte queste apprensioni sono ingiustificate. Capisco quanto sia difficile accettare che essi affrontino da soli situazioni difficili e pericolose, però è importante per gli adolescenti sapere che i genitori danno loro fiducia e che sanno aspettare senza intervenire.

Vorrei essere chiaro: non credo che padri e madri debbano assecondare in tutto e per tutto i figli. Possono, ed è giusto che lo facciano, esprimere il loro punto di vista, essere anche contrari alle scelte del figlio, però se questi decide, nonostante tutto, di continuare per la propria strada, occorre saper attendere, evitando minacce o ritorsioni.

In terzo luogo occorre tener presente che il figlio, quando decide di fare di testa propria, può andare incontro a fallimenti e a pericoli. Sono i momenti nei quali vengono meno la sua arroganza e il senso di onnipotenza ed egli scopre dolorosamente i propri limiti. È facile che a questo punto senta il bisogno di ritornare dai genitori, anche se ne teme il giudizio. Si tratta di momenti delicati, perché padre e madre possono essere tentati di sottolineare: «Te l'avevo detto, lo sapevo che ti saresti trovato male, ma tu hai voluto fare di testa tua, ti sta bene!».

Sconsiglio di utilizzare questo momento per fargli capire i suoi errori. Quando il figlio torna con la coda fra le gambe, frustrato per non essere stato all'altezza della situazione, è importante che si capisca fino in fondo il suo bisogno di ritrovare dei genitori che lo comprendano e che l'accolgano, come nella parabola del Figliol Prodigo. Se al contrario sfruttano questo momento per far valere il proprio punto di vista e per rinfacciargli il fatto che non li ha voluti ascoltare, si corrono dei pericoli. E soprattutto quello che il ragazzo non sopporti di essere trattato come un bambino e di essere incolpato dagli adulti, che ancora una volta fanno valere il proprio potere. Può decidere di andarsene risentito, perdendo ogni fiducia in loro, oppure di accettare il loro punto di vista, convincendosi della propria incapacità.

È necessario che i genitori capiscano quali sono le esigenze del figlio e che lo rassicurino del fatto che loro sono sempre disponibili ad accoglierlo, anche se successivamente è bene che gli facciano capire dove ha sbagliato e che non è utile per lui rifiutare sistematicamente quello che gli consigliano.

Prima di concludere questo capitolo sull'adolescenza vorrei discutere una particolare modalità che hanno i ragazzi o le ragazze quando affrontano le prime esperienze di vita. Come abbiamo detto non possono accettare le limitazioni o i consigli dei genitori, perché in quel momento si sentono grandi e capaci di farcela. E d'altra parte se si lasciassero prendere da troppi dubbi ben presto rinuncerebbero, oppure andrebbero perennemente in cerca di rassicurazioni prima di rischiare. Per questo motivo gli adolescenti agiscono senza eccessive riflessioni, vogliono una cosa a tutti i costi ed è difficile farli ragionare: si rifiutano di entrare nel merito della loro scelta, per loro è importante esercitare il diritto di scegliere.

E se apparentemente ogni decisione è presa a prescindere dai genitori, se non in opposizione a loro, molti ragazze e ragazzi mandano dei segnali indiretti per comunicare quello che stanno facendo. Può succedere, ad esempio, che la figlia lasci la scatola delle pillole anticoncezionali in bagno oppure che il figlio dimentichi sul tavolo del salotto le cartine con cui si fa gli spinelli. Ma è davvero una semplice dimenticanza?

Sono portato a credere che a questa età i figli non vogliano parlare direttamente, anche perché non desiderano che i genitori pensino che aspettano una loro autorizzazione; preferiscono far sapere indirettamente. E allora tocca ai genitori decidere che fare, se vogliono commentare oppure no.

Io sarei favorevole a parlare in modo esplicito e dire il proprio punto di vista: in fondo è meglio peccare di eccessivo interventismo che di scarsa disponibilità a occuparsi dei figli. Come abbiamo già visto prima, i genitori assenti sono quelli che creano i maggiori problemi.

Un'ultima osservazione riguarda l'atteggiamento che i padri debbono avere coi figli. Desidero discutere questo aspetto, perché è sempre più frequente che entrambi i genitori, ma in particolare i padri, abbiano con loro un atteggiamento troppo amichevole: non assumono posizioni, non difendono più le regole familiari e i propri punti di vista, non vogliono affrontare contrasti, preferendo mantenere un rapporto cameratesco. Sono quei padri che vanno alla partita con i figli, fanno con loro sport o gite ma non vogliono, quando è necessario, stabilire dei principi. Oppure lo fanno in aree irrilevanti o troppo personali, non riuscendo a capire quanto sia importante formulare delle regole con cui i giovani debbano fare i conti.

Regole che riguardano la convivenza in famiglia, o il comportamento a scuola, oppure le uscite serali: sono tutte indicazioni che naturalmente si possono discutere e rinegoziare man mano che i ragazzi crescono, ma che sono necessarie perché valgono a definire che cosa si aspettano i genitori e i figli.

È fondamentale che padri e madri non rinuncino al loro ruolo. Ripeto che è fondamentale, perché in questo periodo il ragazzo o la ragazza si sentono spesso confusi e incerti e il loro sé è così poco integrato da aver bisogno di persone autorevoli che forniscano dei confini e dei riferimenti stabili, da accettare, da rifiutare oppure da attaccare. Che però servono a indicare un modello quotidiano, indispensabile fino a che non si superi la tempesta dell'adolescenza.

VIII

Le malattie del sé

Bambini capricciosi e senza controllo

Non tutti i bambini sono uguali. Come abbiamo visto ce ne sono alcuni che raggiungono la regolazione personale con facilità e altri che mettono maggiormente alla prova i genitori, benché alla fine anche loro riescano a ottenere buoni risultati. In una percentuale, per fortuna piuttosto piccola, gli esiti sono alquanto problematici, perché questi bambini non riescono a trovare una buona regolazione e reagiscono alle varie situazioni in un modo che compromette le loro relazioni con gli adulti oppure con i coetanei.

Ma perché ciò avviene? Perché nascono più fragili, oppure perché hanno dei genitori che non sono in grado di allevarli, o perché in loro si sommano entrambe le situazioni, come sembra più frequente?

Particolarmente utile per capire come fin dall'inizio si crei fra madre e figlio una situazione di scambio soddisfacente o una problematica è uno studio compiuto da Daniel Stern,[1] e basato sull'osservazione di una madre e dei suoi figli gemelli di tre mesi.

L'autore ha eseguito una videoregistrazione dove compare la donna intenta a occuparsi con molta disponibilità dei suoi due piccoli, Mark e Fred. E mentre con Mark, quello che secondo la madre le assomiglia di più, le cose vanno meglio, con Fred, già a tre mesi, ci sono dei problemi.

Quando la madre si rivolge a Fred succede qualcosa di particolare: mentre gli si avvicina accostandogli il viso,

Fred si scosta da lei. E la stessa cosa succede alla donna quando Fred prende l'iniziativa e cerca il contatto visivo con lei: si ritira e volge il viso altrove.

Sembra quasi che ci sia un accordo segreto fra loro due per non incontrarsi mai. Si muovono in parallelo per evitarsi, proprio l'esatto opposto di quanto accade con l'altro figlio, Mark, col quale la madre riesce a incontrarsi guardandolo a lungo negli occhi.

Osservando meglio le sequenze della videoregistrazione, si scopre che quando Fred e la madre sono faccia-a-faccia, il bambino distoglie lo sguardo da lei. Ma a differenza del fratello, continua a guardarla con la coda dell'occhio senza riuscire a staccarsene, anche quando la donna è occupata in altre cose. In modo quasi simmetrico, se Fred la fissa apertamente, lei si allontana dal figlio controllandolo con la coda dell'occhio.

Fra la madre e Mark si può dire che ci sia uno scambio soddisfacente: si guardano vicendevolmente con grande intensità e poi ognuno, soddisfatto, continua a occuparsi di quello che sta facendo. Con Fred, al contrario, non c'è mai uno scambio pieno, non riescono a incontrarsi mai, quantunque nessuno dei due possa fare a meno dell'altro.

Questo schema di avvicinamento-allontanamento non lo riscontriamo solo nel rapporto fra madre e bambino, ma vale anche per molte coppie che non sanno mai trovare la distanza giusta, si avvicinano e si allontanano senza veramente incontrarsi. E tali scambi sono sempre insoddisfacenti, ognuno tiene d'occhio l'altro senza riuscire a staccarsene, entrambi invischiati in una relazione che non lascia spazio all'individualità. L'insoddisfazione e la sfiducia prendono infine il sopravvento e forse per questo motivo non si è mai veramente liberi di imboccare nuove direzioni.

Viene spontaneo chiedersi se Fred sia più vulnerabile di Mark, cosa molto probabile, ma anche se la madre sia portata a vedere in modo diverso i suoi due figli, uno più simile a lei e l'altro più distante, quasi estraneo. È difficile rispondere, tuttavia in molti casi si crea un intreccio complesso fra le caratteristiche del bambino e le aspettative e le percezioni dei genitori.

Come è ormai noto, i bambini riescono a organizzarsi in maniere differenti. Alcuni per calmarsi si succhiano la mano, guardano intensamente un viso o un oggetto, ascoltano con attenzione una voce tranquillizzante oppure si muovono ritmicamente col busto e con la testa. E mentre ci sono bambini molto sensibili, che hanno reazioni eccessive a ogni stimolo, altri addirittura non rispondono che in misura minima a quello che succede intorno e per interessarli occorre che i genitori si diano molto da fare. Naturalmente un bambino insistente e capriccioso, o con forti oscillazioni di umore, oppure lento a reagire e a adattarsi alle nuove situazioni finisce col pesare molto sulla famiglia, ma anche con l'influenzare negativamente il suo modo di percepirsi e di vivere le proprie esperienze.

Prendiamo in esame, ad esempio, quello che succede a Luisa. È rimasta a lungo sveglia nel lettone dei genitori con la mamma accanto, che, come ogni sera, cerca di tranquillizzarla per farla addormentare. Le racconta una storia, ma poi, visto che proprio non serve, la prende in braccio per cullarla e spegne la luce, stendendosi accanto a lei. Solo adesso che è passata mezzanotte si sono addormentate entrambe, ormai stremate.

Luisa ha 15 mesi e da tempo rifiuta di dormire nella sua culla, anche perché la madre non sopporta di sentirla piangere quando ve la mettono. Nella sua breve storia è sempre stata una bambina particolarmente sensibile: quando sente dei suoni piuttosto forti sobbalza e dà l'impressione di essere sempre molto vigile nei confronti di quello che le succede intorno. Anche farle il bagnetto comporta dei problemi: si agita e piange, come se il contatto con l'acqua la disturbasse.

I suoi ritmi del sonno sono sempre stati irregolari, specie negli ultimi mesi. Si sveglia varie volte piangendo e la madre è l'unica persona con cui accetta di andare a letto. Naturalmente questa situazione ha creato molte tensioni fra moglie e marito, che protesta perché si sente trascurato dalla moglie.

Luisa appartiene alla categoria dei bambini ipersensibili, che reagiscono in modo eccessivo a tutto quanto succede. Spesso questi bambini piangono senza riuscire a calmarsi e a riprendere i propri ritmi. In famiglia diventano dei piccoli tiranni, che controllano ogni avvenimento e si guardano intorno sempre molto diffidenti, specialmente quando arriva un estraneo o succede qualcosa di nuovo. Ipersensibili e vulnerabili, vivono come se non avessero la pelle protettiva. Ogni cosa li ferisce e altera i loro ritmi alimentari o del sonno, per cui non riescono mai a regolarizzarsi.

È inevitabile che questi bambini, che piangono con facilità senza che i genitori riescano a trovare un rimedio, creino grossi problemi, non si sa come tranquillizzarli, come abituarli a scoprire un proprio ritmo, come farli addormentare. I genitori, ma soprattutto la madre, si sentono spesso impotenti, cercano di assecondarli ma allo stesso tempo perdono la pazienza, alternando reazioni di rabbia a una protezione addirittura soffocante. E non è detto che tale comportamento, sbagliato, sia solo una risposta: in molti casi anche i genitori sono incapaci di comportamenti stabili. Può accadere che la madre sia troppo preoccupata per il figlio, vorrebbe risolvere i problemi che le pone, ma è incapace di osservarlo e di trovare un ritmo comune.

Succede allora che non riesca a decifrare il pianto del bambino e continui a dargli il latte, benché non lo desideri più. Oppure che, durante l'allattamento, la madre intervenga continuamente a sollecitarlo e non gli dia il tempo necessario non solo a organizzare i propri ritmi, ma anche a strutturare il proprio sé che si forma già durante queste prime interazioni con lei.

In tali situazioni è opportuno aiutare i genitori a ritrovare una maggiore fiducia in se stessi e a strutturare dei ritmi interattivi, che aiutino il bambino a raggiungere una propria regolazione. Il che significa assecondare il figlio, ma anche organizzargli un ambiente definito, impostato su una routine stabile e regolare. Non tutti sono d'accordo nel ritenere che questa sia la strada migliore: il pediatra americano William Sears,[2] per esempio, è dell'avviso che questi bambini, molto esigenti e intensi in ogni loro manifestazione, debbano essere assecondati e tenuti in braccio per essere tranquillizzati. Secondo lui il contatto fisico prolungato coi genitori li aiuterebbe a organizzare e regolare i propri ritmi, meglio di qualsiasi altro intervento. Se è vero che il contatto fisico ha questo grande potere, è anche vero che padri e madri sono costretti in tal modo ad assecondare il figlio, rinunciando a prendere una propria posizione.

È abbastanza emblematico quello che dice Sears a proposito dei bambini che presentano disturbi del sonno. Secondo il pediatra americano è utile fin dall'inizio mettere il bambino nel lettone dei genitori, in modo da armonizzare i suoi ritmi del sonno con i loro. Questo consentirebbe anche di creare un clima più rilassante, la madre potrebbe allattare il piccolo addirittura senza alzarsi, lo potrebbe tenere a contatto del proprio corpo e ridurre i risvegli notturni. E per quanto riguarda l'allattamento, è sempre Sears ad affermarlo, la madre nei primi anni può continuare a dare la tetta al figlio per tranquillizzarlo quando ce n'è bisogno.

La rivoluzione che c'è stata nell'allevamento dei figli è totale. Mentre in passato le regole che lo governavano erano estremamente rigide e il bambino a qualsiasi costo doveva adattarvisi, oggi, perlomeno fra i pediatri americani, si sostiene esattamente il contrario. «Sua maestà il bambino», come lo definisce Freud, dovrebbe essere messo al centro della famiglia con l'idea che, rispondendo a ogni suo segnale ed esigenza, tutto si risolva.

Mi sembra però che in questo modo i genitori siano costretti a inseguire il figlio, diventando incapaci di creargli attorno una cornice di regole e di attese che lo aiutino a strutturare il suo sé. Ritornando, ad esempio, ai disturbi del sonno, è giusto occuparsi del bambino, cercare di cullarlo fino a che non si addormenti; sono tuttavia dubbioso sull'utilità di metterlo fin dall'inizio nel lettone dei genitori. Questi possono, nelle situazioni più difficili, portarlo nella propria camera, ma sempre dentro la sua culla. Ne trarrebbero giovamento sia loro stessi, che altrimenti sarebbero costretti a dormire con un occhio sempre aperto, sia il piccolo, che potrebbe cominciare a riconoscersi come persona separata da loro.

Le malattie del sé

Nei primi capitoli si è parlato a lungo delle conseguenze psicologiche di un'educazione basata sulla regola «o mangi questa minestra o salti dalla finestra». A questo punto dobbiamo invece chiederci che conseguenze possa avere il tipo di educazione che si è affermata negli ultimi anni.

Come abbiamo visto, c'è sempre più la tendenza ad assecondare il figlio e ad aspettarsi che sia lui a trovare, prima o poi, la propria regolazione. I genitori, a loro volta, sono diventati meno rigidi nelle richieste e si interrogano continuamente sull'utilità e sull'opportunità dei propri interventi. Di certo la maggiore attenzione ai problemi psicologici dei figli, se è servita a stimolare la sensibilità dei padri e delle madri, allo stesso tempo ha creato inevitabili incertezze e dubbi.

Probabilmente queste nuove tendenze educative hanno avuto ripercussioni notevoli sullo sviluppo del sé dei bambini, costretti a crescere in un ambiente in cui i punti fermi sono sempre meno stabili. Genitori pieni di dubbi che non sanno prendere posizione, padri che non sanno dire di no e imporsi quando è il caso, madri che si aspettano che il bambino decida finalmente di mettersi sul vasino per fare pipì, tutto questo ha cambiato il clima familiare. E d'altra parte l'atteggiamento di indulgenza non pone i figli al riparo da esplosioni di rabbia e di violenza, spesso provocate dal fatto che i genitori si sentono impotenti a fronteggiare la situazione.

Naturalmente ciò non dipende soltanto dai nuovi orientamenti educativi. Oggi nascono sempre meno bambini e sull'unico figlio si appuntano tutte le aspettative dei genitori: ogni figlio diventa allora una sorta di Messia bambino, che viene atteso con grande trepidazione e, fin dai primi giorni, posto al centro della famiglia, la quale concentra su di lui tutte le sue speranze e le sue proiezioni.

La vita del bambino è troppo strettamente legata al mondo dei genitori. Viene amato, adorato e corteggiato senza che nessuno sia disposto a mettergli dei freni o a imporgli delle costrizioni. Il suo sé si alimenta di continue conferme e rassicurazioni che lo fanno sentire importante, quasi onnipotente. Può fare tutto quello che vuole, arrampicarsi sui mobili di casa, attaccarsi al telefono quando suona e rispondere a monosillabi, mentre i genitori assistono compiaciuti; correre nelle sale d'attesa degli aeroporti senza che gli si faccia capire che occorre rispettare anche le altre persone, e così via.

È inevitabile che questo si ripercuota sulla sua costruzione del sé. Fin dai primi mesi di vita i bambini sono oggetto di attenzioni e ne diventano sempre più bisognosi, si esibiscono in pubblico, interloquiscono con chiunque avendo difficoltà a capire che, al di fuori della famiglia, le persone non sono sempre disponibili. Ora, se indubbiamente è importante dare conferme e rassicurazioni ai bambini nel corso dei primi anni, mi sembra che a volte si arrivi a creare una situazione addirittura paradossale, nella quale sono i genitori ad aver bisogno dei figli, quasi fossero di supporto alla identità degli adulti.

Molto è stato scritto, in particolare dal sociologo americano Lasch, sugli orizzonti dell'uomo di oggi, che sente di vivere in un mondo imprevedibile e sempre meno controllabile. Ciò comporta profonde insicurezze nei confronti della vita sociale e un conseguente ripiegamento all'interno della famiglia, che è divenuta un luogo sempre più circoscritto e asfittico. Forse per questo motivo il figlio viene ad assumere una così grande importanza: perché serve a confermare l'identità dei genitori, facendoli sentire indispensabili.

Ma in tale situazione, in cui il sé dei genitori è così limitato, il bambino può diventare l'oggetto sostitutivo, una parte del loro sé da curare e indennizzare, in modo da compensarli per tutto quanto a loro è stato negato e rifiutato.

Gli psicoanalisti parlano di questo particolare rapporto narcisistico che può legare i genitori ai figli. Più che amare e vedere il figlio per quello che è, si trasferiscono su di lui quelle attese e quei desideri che nella propria vita non sono mai stati soddisfatti, come se fosse una specie di gallina dalle uova d'oro che deve essere allevata e curata non facendole mancare nulla, perché il futuro dipende da lei. Come ha scritto la psicoanalista americana S. Fraiberg,[3] nella stanza dei bambini ricompaiono a volte i fantasmi del passato dei genitori, che riportano in vita scene appartenenti alla loro infanzia e che vengono a imbrigliare la loro vita attuale. Pur nel nuovo contesto, padri e madri possono recitare copioni che non sono attuali e che obbligano il bambino a interpretare una parte non sua.

Succede spesso di incontrare famiglie anche modeste che esibiscono letteralmente i figli, abbigliati con pellicciotti costosissimi e scarpe delle migliori marche e accessoriati con speciali stereo o telefonini, nonostante siano ancora adolescenti.

E i figli crescono perdendo il senso dei propri limiti, alimentati da un narcisismo che li porta a vedere esclusivamente se stessi. Desiderano solo attenzioni e regali, e invariabilmente consumano tutto quanto ricevono, con una fame incessante di nuove cose. Questo non vale solo per gli oggetti o il vestiario, vale anche per le informazioni, i film, i programmi televisivi e i giochi, che esistono per lo spazio di un attimo, per lasciare poi un costante senso di insoddisfazione.

Se ripensiamo alle generazioni che hanno vissuto l'infanzia o la giovinezza nell'immediato dopoguerra, notiamo differenze incredibili. Mentre allora tutto veniva riutilizzato, rammendato, riparato e passato successivamente ai fratelli o ai figli degli amici, oggi non c'è quasi più penuria e si vive in una società dove ogni cosa ha vita breve e viene subito buttata.

Soprattutto nei primi anni questo lascia segni profondi. Gli oggetti vengono usati e consumati senza che si riconosca loro un valore, se non nell'attimo in cui vengono finalmente posseduti. Troppo spesso si vedono stanze dei bambini piene di giocattoli scartati, che si accumulano in un angolo e vengono ripresi solo saltuariamente. Sono stati importanti, addirittura indispensabili, quando il bambino li chiedeva con insistenza oppure li guardava nella vetrina del negozio e li sognava, perché ancora non gli appartenevano. Sono desiderabili finché non li si possiede, ma una volta ottenuti, vengono a perdere qualsiasi valore.

Tale dinamica del desiderio e del rapido consumo crea un senso incessante di bisogno che abitua a vivere costantemente nell'attesa, con una voracità che non può essere mai soddisfatta.

In questa luce il sé dei bambini si sviluppa in modo fragile, troppo dipendente dalla gratificazione contingente e dalle rassicurazioni del possesso, che gli fanno da puntello. Gli oggetti diventano quasi indispensabili alla propria affermazione, una versione più materiale degli oggetti-sé umani descritti dallo psicoanalista Kohut, che servono appunto a dare coesione al sé.[4]

In questo clima familiare i bambini crescono chiedendo e imponendo il loro punto di vista, senza sviluppare capacità autoregolative. La gioia e la soddisfazione derivano dal possesso e non dalla capacità di fronteggiare le situazioni e di vivere positivamente i rapporti.

Ma quello che mette in luce la debolezza del sé è l'incapacità di tollerare privazioni o frustrazioni. Quando vengono contrariati o puniti, questi bambini reagiscono con rabbia, si sentono colpiti nel loro sé e perdono ogni sicurezza. E questo diventa ancora più evidente, ad esempio, a scuola o nel gruppo, in cui sono costretti a fare i conti con le esigenze degli altri o con le regole sociali. A questo punto l'ipertrofia del sé, alimentato dalla famiglia, viene a cozzare con gli altri e di fronte all'impossibilità di imporre il proprio punto di vista, questi bambini viziati si ritirano infastiditi o risentiti.

E il paradosso è proprio questo: in famiglia sono apparentemente sicuri, addirittura prepotenti, non arretrano di fronte ai genitori, mentre a scuola o con gli amici si sentono in difficoltà, tormentati da sensi di insicurezza o di vergogna.

Nella maggior parte dei casi il padre e la madre sono troppo coinvolti per riuscire a capire che cosa stia succedendo, alternano comportamenti diversi: prima assecondano in ogni modo i figli, ma poi, quando la situazione diventa ingestibile, perdono la pazienza e possono diventare anche molto violenti.

C'è da chiedersi se questa indulgenza e questo assecondare i figli corrispondano a un'attenzione verso di loro o non piuttosto a una soddisfazione sostitutiva, destinata inconsapevolmente a rispondere alle carenze e alle deprivazioni dei genitori. Troppo spesso, senza rendersene conto, essi vivono tramite i figli, assegnando loro dei compiti impossibili e idealizzandoli nelle loro fantasie. E i figli rimangono irretiti nelle fantasie dei genitori, non riuscendo ad avere di sé una percezione realistica.

Mentre in passato esistevano le malattie psicologiche provocate dalla rigidità delle regole, che costringevano lo sviluppo individuale entro una rete asfissiante di sensi di colpa e di rimorsi, non consentendo mai di sentirsi a posto con la propria coscienza, oggi è molto diverso. Paradossalmente un clima di gratificazione e di troppo forte coinvolgimento emotivo ostacola lo sviluppo del sé, soprattutto se la madre o il padre riversano sul figlio attese eccessive, quasi onnipotenti, oppure se il figlio serve ad allontanare le loro ansie e le loro depressioni.

L'equilibrio fra soddisfazioni e limitazioni viene alterato e il bambino si abitua a vivere in una dimensione piuttosto irreale, priva di relazioni in cui gli sia riconosciuta un'autonomia e lo si aiuti a sviluppare le proprie capacità. È costretto così a entrare nel mondo delle fantasie genitoriali, che lo possono anche gratificare per le attribuzioni di ruolo, ma dove corre il rischio di perdere se stesso. Tutto è a portata di mano, i genitori sono lì per servirlo, quando addirittura non ne anticipano i desideri. E i figli crescono senza riconoscere le necessaria distanza che li divide dai genitori, i quali, se possono causare frustrazioni, in altri momenti sanno anche rassicurare, fornendo un senso di protezione.

Le malattie del sé si esprimono soprattutto in un senso di vuoto e di fragilità personale, per cui non si sa quale direzione prendere e che cosa fare della propria vita. Anche la regolazione degli affetti e dei comportamenti subisce alti e bassi: ci si può sentire prostrati e subito dopo pieni di entusiasmo, ci si può comportare in modo rinunciatario per poi entrare in un vortice di attività frenetiche e inarrestabili.

Sempre sul piano affettivo è difficile sapersi tranquillizzare nei momenti di difficoltà e si vive in perenne tensione, senza riuscire a tollerare difficoltà o stati di ansia.

Una continua insoddisfazione caratterizza le persone che soffrono di questa fragilità del sé e il senso di vuoto e di inutilità possono diventare tormentosi, come dei tarli che consumano le sicurezze personali. E spesso convivono in loro aspettative e pretese grandiose, sedimentate in seguito alle aspettative idealizzate dei genitori, che si scontrano con le difficoltà quotidiane legate a un sé inadeguato e fragile. Questo è particolarmente evidente in molti adolescenti che sognano traguardi irraggiungibili, ma che di fronte alle prime difficoltà o ai primi ostacoli si ritirano, impauriti dall'idea del fallimento.

Emblematica dei disturbi del sé è l'incapacità di tollerare scacchi o sconfitte, che sono una vera e propria minaccia per un sé troppo debole.

Per sfuggire ai sensi di vuoto e alla povertà emotiva si possono imboccare strade diverse, dall'azione frenetica che dà l'illusione di trovarsi in un mondo pieno di vita all'uso di sostanze eccitanti o euforizzanti che aiutano a sconfiggere la frustrazione.

Se non mangio sono forte

Molti si saranno chiesti perché sempre più frequentemente negli ultimi anni si parli dei disturbi alimentari, che colpiscono in particolare le adolescenti. Non si tratta di una trovata giornalistica, ma di una drammatica realtà che in modo sempre più esteso coinvolge le ragazze quando devono fronteggiare i cambiamenti corporei indotti dalla pubertà.

Mentre all'inizio del secolo la patologia psichica che le riguardava poteva essere per lo più simile a quella di Dora, la giovane viennese di cui abbiamo parlato estesamente, oggi sono i disturbi alimentari a colpirne un gran numero, intorno al 3-5% dell'intera popolazione adolescenziale.

Non ci riferiamo qui a quei comportamenti molto comuni nelle ragazze, che tutti i genitori conoscono bene: la figlia adolescente, che fino a qualche tempo prima aveva sempre mangiato con appetito, improvvisamente diventa difficile, non vuole la pasta e il pane perché forniscono troppi zuccheri, la mozzarella è troppo grassa, e i dolci... nemmeno parlarne! Tutto questo si accompagna a un'attenzione addirittura spasmodica per la bilancia e a variazioni di umore a seconda della lancetta che implacabilmente segna il peso.

I pasti diventano così una sofferenza per tutti. La madre, che spesso è la più coinvolta, cerca di inventarsi dei piatti speciali per forzare le resistenze della figlia, ma, invece di migliorare le cose, le aggrava: la figlia si sente braccata da sua mamma, che cerca di sedurla con i suoi manicaretti, e reagisce rifiutando ogni tipo di cibo, salvo quelli privi di calorie.

Per fortuna nella maggior parte dei casi questi sono comportamenti transitori, che segnano una fase di passaggio. La ragazza ha l'impressione di poter dominare il proprio corpo e i suoi impulsi, non è più una bambina che si fa imboccare dalla madre, finalmente sente di essere se stessa. Ben presto, man mano che cresce in lei la sicurezza di sé, tali comportamenti diventano meno importanti. È un tributo che paga per crescere, sicuramente sollecitato dai richiami accattivanti della pubblicità, che mostra corpi femminili esili, senza un filo di grasso.

Quando parliamo di disturbi alimentari ci riferiamo invece all'anoressia e alla bulimia, di cui spesso si parla impropriamente nei giornali, quasi fosse esplosa negli ultimi tempi un'epidemia. Si tratta in realtà di veri e propri disturbi psicologici cronici, difficili da risolvere.[5]

Le giovani che ne sono affette sono ossessionate dal cibo, e passano tutto il loro tempo cercando di smaltire il peso oppure di controllare la fame, sotto la continua minaccia di essere travolte dalla propria voracità.

Quello che distingue queste ragazze con una patologia alimentare dalle coetanee che dedicano un'attenzione insistente, ma per fortuna momentanea, alla propria dieta, è il carattere stabile dei disturbi, che si prolungano oltre l'adolescenza. E le conseguenze personali possono essere anche piuttosto gravi.

Simili comportamenti alimentari affondano le radici nel mondo attuale, in cui il corpo è divenuto la nuova divinità, e deve essere curato e controllato con diete, cibi speciali, ginnastica, yoga e così via. Il corpo non è più solo lo specchio di se stessi, ma addirittura garantisce l'identità individuale, su cui si riflettono i messaggi e le immagini dei giornali, del cinema e della pubblicità.

Tuttavia, se la cura del corpo è oggi ampiamente praticata dai giovani, come del resto dagli adulti, ben altra cosa è la diffusione dei disturbi alimentari, che si organizzano su una fragilità del sé, spesso alimentata da radici lontane nell'infanzia.

Come abbiamo già visto, quando le madri sono troppo preoccupate di non essere all'altezza del loro compito oppure idealizzano il figlio che diventa per loro una sorta di

Messia bambino, si verifica fin dai primi mesi un'interazione distorta fra loro. L'ansia e l'apprensione materna interferiscono nello sviluppo del senso di sé del bambino, che rimane fragile, alla mercé della madre, la quale ha abbandonato il ritmo della danza comune, assorbita com'è dai fantasmi del suo passato che occupano la scena della sua vita attuale.

Questi bambini crescono senza mai avere il senso di essere attivi nei rapporti con gli altri e soprattutto con la mamma. Tutto avviene al di fuori della loro capacità di controllo, sono parte di una storia che non capiscono e pertanto sono costretti ad assistere passivamente, oppure si adeguano a un ruolo che è dettato da qualcun altro. E il momento dell'alimentazione diventa uno scenario in cui oscuramente si condensa ogni difficoltà. Per la mamma, se il bambino o la bambina mangiano e crescono bene, vuol dire che tutto procede nel migliore dei modi. Eppure le manca la chiave per entrare in rapporto col figlio: lo può imboccare, può insistere nel fargli inghiottire il cibo, può sollecitarlo continuamente, senza capire che dovrebbe invece prestare attenzione ai suoi messaggi e adattarsi a lui.

Ma lei ha fretta, non riesce a adeguarsi ai ritmi del figlio e si affanna, goffa e disperata, a forzare la serratura del figlio col grimaldello dell'ansia. Apparentemente le cose possono andare anche bene, il bambino cresce e non ci sono motivi di preoccupazione. Eppure il suo sé, che si sta costruendo, serba le tracce di queste forzature e come una serratura che è stata aperta con chiavi sbagliate non ha più le sue filettature integre. Così può succedere che la serratura si blocchi oppure che qualsiasi chiave la possa aprire.

Per il bambino il corpo diventa estraneo, forse appartiene a sua madre, perché lui ha perso qualsiasi consonanza interna. Mangia perché la mamma lo imbocca, ma senza desiderio e dal suo corpo non gli giungono quei segnali che gli fanno capire se ha fame o se è sazio. Il corpo diventa un luogo opaco, estraneo e illeggibile, che non costituisce più per lui il centro vitale della sua identità.

Nessuno se ne accorge, è un segreto che il corpo custodisce, ma che viene svelato dall'adolescenza. Infatti quando la ragazza giunge a questa età sente che deve affrancarsi dall'ipoteca materna, altrimenti le è impossibile crescere e diventare adulta. Allo stesso tempo il corpo, rimasto silente fino a quel momento, comincia a dare segni preoccupanti e per certi versi incomprensibili: fuoriuscite di sangue mestruale, peli che si sviluppano rapidamente, cuscinetti di grasso che si depositano sui fianchi e sul sedere, seni che si ingrossano.

Sta diventando donna, ma avverte che le cose le stanno sfuggendo di mano e che soprattutto il suo corpo è teso fra due poli opposti, entrambi allarmanti: quello dell'infanzia, che significa sottomissione alla madre, e quello dell'adolescenza, che le apre prospettive inquietanti perché sconosciute.

E allora l'unica strada per riacquistare il dominio di se stessa è controllare ogni cosa che mette in bocca, esercitare una disciplina durissima sul proprio corpo: attività incessante, ginnastica, esercizi fino a esaurirsi. Ma il controllo, che vuol dire capacità di regolarsi in modo adeguato, ha i suoi buchi: ogni tanto la voracità la travolge e la obbliga a mangiare tutto quanto le capita a portata di mano, dolci, carne fredda che sta in frigorifero da giorni, pane, burro e così via.

Quest'orgia alimentare la lascia poi in preda alla disperazione, le fa provare schifo per se stessa per non essersi riuscita a limitare. È come se fosse nuovamente travolta dalla madre, come accadeva quando, da bambina, veniva imboccata di forza.

La perdita di controllo è per lei il segno evidente che non ha carattere, è troppo debole di fronte alle sue pulsioni. Inizia allora una pratica di espiazioni che ricorda le mortificazioni delle sante medievali. Il corpo va purificato attraverso il vomito che si provoca mettendosi due dita in gola, oppure ricorrendo a pillole lassative per liberarsi di tutto, o a diete disperate che la inducono addirittura a rifiutarsi di sedere a tavola.

Perché tutto questo succede solo alle ragazze, anche se negli ultimi tempi si parla sempre più insistentemente di anoressia maschile?

La chiave va cercata nei primi anni, quando il percorso maschile si differenzia da quello delle femmine. Dopo il periodo in cui il lattante, indipendentemente dal sesso, è fortemente legato alla madre, il bambino deve inevitabilmente staccarsi da lei, se vuole raggiungere un'identità maschile. Pur serbando una profonda nostalgia per quella sorte di fusione avuta con la madre, egli deve cercare di affermare la propria autonomia e la propria diversità nei confronti di lei. In definitiva è costretto ad affermare il proprio sé anche a scapito della propria sicurezza.

La bambina, al contrario, rimane legata a filo doppio alla madre, che oltre a essere colei che l'ha curata nel primo anno costituisce allo stesso tempo anche il suo modello di identificazione. Questo legame ha un carattere speculare, quello di un reciproco e continuo rispecchiamento. E a volte la bambina si sente preda di una madre onnipotente, che come un'antica divinità genitrice la possiede e le dà l'autorizzazione a vivere. Con l'adolescenza questa situazione viene bruscamente interrotta e per la ragazza inizia una lotta disperata e solitaria per salvare il proprio sé. La madre diventa la grande minaccia, il suo amore, come le sue offerte seduttive di cibo, la fanno sentire in pericolo di perdersi. Solo affermando se stessa contro tutte le pressioni materne può riacquistare un senso di controllo personale e cercare di stabilire una propria regolazione.

Ma la regolazione, o piuttosto la pseudoregolazione, è troppo rigida, senza sfumature. O mangia in modo sconsiderato oppure digiuna, rifiutando ogni cibo; evita ogni comodità stando seduta sulla punta della sedia, con la schiena irrigidita; si veste con abiti leggeri anche d'inverno, quando fa freddo.

E tutto questo non basta. Nonostante abbia già perso

molti chili, quando si guarda allo specchio continua a vedere dei cuscinetti di grasso, che testimoniano la sua debolezza. Non riesce a vedere se stessa, così come non era stata vista dalla madre nel primo anno di vita; anche lei è ossessionata dai fantasmi materni che entrano nel suo corpo, facendola sentire debole e impotente.

L'anoressia, pur rappresentando il segno di profonde difficoltà personali, si manifesta come un tentativo, inconsapevole e spesso fallimentare, di riprendere il controllo della propria vita, anche se la ragazza non riesce mai a raggiungere un equilibrio psicologico, proprio perché inizia una lotta senza tregua che, come nel mito di Sisifo, la costringe a ricominciare sempre da capo.

Un paradosso: la droga che cura

Per certi versi quello che abbiamo detto per i disturbi alimentari vale anche per l'assunzione della droga, che interessa soprattutto i ragazzi.

Molto diffuso fra i giovani è l'uso sociale di queste sostanze. Per loro, fumare lo spinello è una moda che facilita il rapporto con i coetanei e allo stesso tempo fa vivere la trasgressione, rafforzando il senso di identità in contrapposizione al mondo degli adulti.

Si tratta perlopiù di un'esperienza che dura solo qualche anno, proprio come succedeva in passato per la sigaretta, anch'essa usata per dimostrare che ormai si era grandi. E se i genitori non interferiscono più di tanto il ragazzo abbandona presto questa abitudine, nata all'interno del gruppo.

Però non sempre questa esperienza si conclude. In qualche caso, per fortuna non troppo frequente, il ragazzo continua a fumare con molta insistenza lo spinello, che rischia di isolarlo dagli altri. E che può essere l'anticamera di droghe pesanti, perché lo spinello dopo qualche tempo non basta più.

Chi sono questi ragazzi che non riescono a liberarsi dalla dipendenza?

Come hanno messo in luce molti studi,[6] si tratta di giovani che in primo luogo non sanno regolare i propri affetti. Hanno alti e bassi d'umore, ora si sentono prostrati, ora eccitati e in tensione. Quando si trovano in difficoltà o di fronte a ostacoli reagiscono con impulsività e rabbia, incapaci di tollerare gli stress e le contrarietà. Inoltre, sono incapaci di tranquillizzarsi, per cui quando l'ansia o la tensione prendono il sopravvento è difficile per loro ritrovare un equilibrio emotivo. Naturalmente queste tendenze rendono complicati e insoddisfacenti i rapporti sociali, perché si vive sempre in grande tensione.

Ma i problemi non si limitano solo al campo affettivo: anche i comportamenti riflettono la stessa sregolazione. Questi ragazzi reagiscono infatti in modo impulsivo, senza riflettere troppo, mettendosi inevitabilmente in situazioni pericolose o di forte contrasto con gli altri. Le stesse capacità di pensiero ne sono influenzate negativamente, perché essi non si soffermano a riflettere su quanto gli sta avvenendo, e ricorrono a giudizi grossolani e poco analitici.

Si può dire che i giovani che diventano dipendenti dalla droga manifestino una vulnerabilità nella regolazione personale, per cui vivono incontrando continue difficoltà. Ecco il motivo per il quale, dopo aver iniziato occasionalmente a farne uso, ne rimangono irretiti. La droga servirebbe, nel loro caso, ad alleviare in modo quasi disperato gli stati di ansia e di depressione, a cui può fornire un sollievo temporaneo, ma anche illusorio. Molti studiosi hanno parlato di tentativi di automedicazione,[7] come d'altra parte sembrerebbe confermare la scelta di una specifica droga. Ad esempio la cocaina agirebbe sugli stati depressivi, mentre i narcotici servirebbero a ridurre la rabbia tipica dei dipendenti da oppiacei.

Ho voluto mettere in luce la complessità del fenomeno droga per sfatare, per quanto possibile, dei luoghi comuni. Innanzitutto, che facendo uso di spinelli si possa diventare tossicodipendenti. Nella quasi totalità dei casi non è vero, vale solo per quei giovani che hanno una vulnerabilità dei sistemi autoregolativi e che con ogni probabilità cercherebbero altre strade, ad esempio l'alcol, per tentare di affrontare i loro problemi.

Poi, che per uscirne non è sufficiente la buona volontà. L'uso della droga non è un problema morale, che si può risolvere purché il ragazzo si impegni, come ripetono spesso i genitori. Indubbiamente l'impegno è indispensabile per qualsiasi cura, ma non è sufficiente: la dipendenza infatti si perpetua in quanto queste sostanze forniscono un sollievo temporaneo, a cui fanno seguito, come sappiamo, le reazioni negative di astinenza. E per sfuggire a queste si fa di nuovo ricorso alla droga, in un circolo ripetitivo difficile da interrompere.

Il difficile mestiere dei genitori

Che consigli dare ai genitori, allorché i figli cominciano a manifestare questi disturbi del sé?

Quando si manifestano durante l'adolescenza spesso i disturbi del sé sono stati preceduti da anni e anni durante i quali era possibile riconoscere dei disturbi di regolazione. La difficoltà di distinguerli probabilmente deriva dal fatto che non compaiono dei sintomi veri e propri, come potrebbero essere le fobie o le paure immotivate oppure i rituali ossessivi, che implicano, questi ultimi, dei comportamenti ripetitivi intesi ad allontanare le ansie. Si tratta invece di qualcosa di più sfumato che si confonde col carattere e con gli atteggiamenti quotidiani, ai quali bisogna prestare una particolare attenzione perché potrebbero sfociare successivamente in difficoltà più strutturate.

Cominciamo dai comportamenti di regolazione biologica. Ci sono bambini che non riescono a trovare un ritmo alimentare, rifiutano di mangiare o lo fanno con estrema lentezza, oppure divorano in modo frenetico il cibo o sgranocchiano in continuazione dolci, pop-corn e così via.

Quanto al ritmo del sonno, ci possono essere difficoltà di addormentamento: il bambino rifiuta di andare a letto o si oppone al sonno, quasi avesse paura di lasciarsi andare e perdere il controllo; oppure ci possono essere frequenti risvegli provocati da incubi e angosce notturne.

Un altro aspetto a cui si presta poca attenzione è il ritmo e il modo col quale il bambino va di corpo. Può accadere che si comporti in modo terribilmente schifiltoso oppure si vergogni quando deve sedersi sul gabinetto, ostinandosi a non evacuare. Oppure che soffra di diarrea e vada in bagno in ogni momento di tensione.

Queste prime regolazioni importanti, che si instaurano precocemente e che influenzano la strutturazione del sé, possono già segnalare difficoltà nella relazione fra genitori e figli. Genitori troppo ansiosi o disattenti spesso non riescono a riconoscere i segnali che vengono dal figlio e ad aiutarlo a stabilizzare i propri ritmi. Credo che il modo migliore per farlo sia quello di assecondare il bambino, ma nello stesso tempo costruire una cornice di regole che indirizzi i suoi ritmi. Sì, è importante saper attendere che lui abbia fame, ma è anche utile cercare di stabilire degli orari nei quali farlo sedere a tavola, evitando che smangiucchi tutto il giorno davanti alla televisione.

Da considerare è anche l'area degli affetti, nella quale possono manifestarsi molto presto delle difficoltà. Bambini che piangono senza riuscire a calmarsi, oppure che reagiscono con rabbia a ogni contrarietà, manifestano in questo modo le difficoltà nella modulazione degli affetti. Ciò potrà condurre a un egocentrismo e a una incapacità di comprendere gli altri e provare simpatia. Anche qui è importante che i genitori siano attenti agli stati d'animo del figlio e sappiano condividere i suoi stati affettivi, eventualmente traducendo in parole quello che osservano. Per il bambino, infatti, è importante avere dei genitori in grado di rispecchiarlo, aiutandolo in questo modo a riconoscere i propri stati d'animo e a distinguere la gioia dalla contentezza, oppure il dispiacere dalla tristezza e così via.

In questi scambi il bambino impara a usare gli affetti per capire se stesso e gli altri con cui si trova in rapporto.

Anche nei comportamenti del bambino si possono riconoscere precocemente le prime difficoltà. Prendiamo in esame, ad esempio, il momento in cui un bambino di 2-3 anni si stacca dai genitori. Il piccolo che piagnucola quando la mamma esce e cerca di trattenerla riflette il suo attaccamento sicuro, ma quando il bambino non reagisce affettivamente e si mostra indifferente, oppure si abbarbica alla madre impedendole in ogni modo di andare via, questi sono segni di attaccamento insicuro che possono rendere difficile la sua vita relazionale.

È opportuno che i genitori non dimentichino che i figli hanno bisogno di sicurezza. Vanno aiutati ad affrontare le separazioni, non ricorrendo alle bugie, come ad esempio dire: «Mamma torna subito, non piangere», se si sa che si farà ritorno molto più tardi. A volte i genitori sono troppo preoccupati per i distacchi e non riescono a parlarne in modo aperto, lasciando inevitabilmente intendere al figlio che è qualcosa di così negativo da non poter essere affrontato. Riuscire a tradurre in parole preoccupazioni e paure è fondamentale anche per il bambino, che può capire meglio e prevedere quello che gli può succedere.

Per quanto riguarda il controllo del comportamento, i bambini a volte possono essere troppo instabili e non accettare i limiti che vengono loro posti, sfidando continuamente i genitori. In questo caso è importante sapergli fornire una struttura di contenimento, aiutandolo a riconoscere chiaramente i confini che non deve superare. Molto spesso i genitori si mostrano ambivalenti nelle proibizioni, dicono di no ma allo stesso tempo mandano un messaggio ambiguo che mette sottilmente in discussione quanto è stato richiesto o vietato. Un esempio è la madre che chiede al figlio di allacciarsi le scarpe, ma contemporaneamente gli fa intendere che se lui lo fa non ha carattere. Questi messaggi contraddittori finiscono per confondere il bambino che non capisce più quello che può e quello che non può fare.

Avviandomi alla conclusione del libro mi rendo conto di non essere in grado, come forse succedeva in passato, di consigliare ai genitori e agli adulti che si occupano dei bambini o degli adolescenti bussole e mappe che possano guidare la navigazione familiare.

Oggi questa navigazione è inevitabilmente incerta e imprevedibile e i padri e le madri, non disponendo più dei vecchi codici, si devono affidare all'intuito, dopo aver attentamente osservato e studiato i figli, che con i loro comportamenti e i loro segnali possono indicare le direzioni in cui muoversi.

Che cosa vuol dire tutto questo, che si è costretti a navigare a vista?

No, non sono così pessimista, ma credo che rifacendosi a quello che ha scritto il filosofo Popper sulla «società aperta»,[8] si possa parlare oggi anche di famiglia aperta. Nel momento in cui tramontano nei paesi occidentali le grandi opzioni ideologiche o etiche abbiamo imparato a procedere per tentativi ed errori, correggendo continuamente i passi sbagliati e ritrovando la direzione da prendere.

La metafora del ballo, a cui partecipano tutti, dai genitori ai figli, che ho spesso usato per parlare della famiglia di oggi rende bene i continui scambi e i reciproci accomodamenti. È evidente che non si tratta di balli tradizionali molto ritualizzati, la cui musica e i cui passi sono per certi versi canonici, obbligati: qui si tratta piuttosto di inventare insieme la musica che risponda meglio ai ritmi della famiglia e disegnare una coreografia che cambi nel tempo a seconda delle sue trasformazioni. A volte si può ballare tutti insieme, seguendo dei ritmi comuni, altre volte si può ballare da soli come succede spesso nelle discoteche, altre ancora ridiventa importante ballare in coppia. C'è sicuramente spazio e tempo per introdurre variazioni e inventare nuovi passi, l'unica condizione è che non si perda il ritmo.

Come dice Popper, anche qui diventa indispensabile provare e riprovare, facendo tesoro dell'esperienza e degli errori fatti, che spesso ci aiutano a correggere il tiro.

Note

Introduzione

[1] Una fonte interessante per comprendere i cambiamenti della famiglia in Italia è il libro di Chiara Saraceno, *Sociologia della famiglia*, Bologna, Il Mulino, 1996. Come mette in luce la Saraceno, vi è fra il 1960 e il 1990 una crescente tendenza alla nuclearizzazione della famiglia, che diviene più circoscritta. Nel 1991 il 26% delle famiglie è rappresentato da coppie senza figli, il 61% da coppie non coniugate, il 9% dalla sola madre con figli e il 2,8% dal solo padre con figli. Il numero delle coppie che convivono senza un rapporto formalizzato è molto limitato nel 1991; tuttavia negli ultimi anni questo fenomeno si è esteso, soprattutto fra i giovani, ma proprio l'informalità e la provvisorietà della convivenza ne rendono difficile la quantificazione.

[2] *Ivi.*

[3] Judith Stacey, *In the name of the family. Rethinking family values in the postmodern age*, Boston, Beacon Press, 1996.

[4] David Blankenhorn, *Fatherless America. Confronting our most urgent social problem*, New York, Harper Perennial, 1995.

[5] Michael E. Lamb, *The role of the father in child development*, New York, Wiley, 1981.

[6] Judith Wallerstein ha pubblicato con J.B. Kelly un primo libro, *Surviving the Breakup*, New York, Basic Books, 1969, sugli effetti psicologici nei figli di genitori divorziati cinque anni dopo il divorzio dei genitori. Nel secondo libro *Second Chances*, Boston, Houghton Mifflin Company, 1989, J. Wallerstein con S. Blakeslee studia gli effetti a distanza, dieci anni dopo, nello stesso gruppo di figli di genitori divorziati.

[7] Judith Stacey, *op. cit.*

[8] Joan Laird, «Lesbian and Gay Families» in Froma Walsh, a cura di, *Normal Family Processes*, New York, Guilford Press, 1993.

[9] C.J. Patterson, *Children of Lesbian and Gay Parents*, «Child Development», 63, 1025-1042, 1992.

[10] F. Tasker, S. Golombok, *Adults raised as children in Lesbian Families*, «American Journal of Orthopsychiatry», 65, 203-215,1995.

I *Ogni persona è fatta a suo modo*

[1] Come scrive Alberto Oliverio nel suo capitolo «Il sé alla luce della psicobiologia» (*La nascita del sé*, a cura di Massimo Ammaniti, Roma-Bari, Laterza, 1989) «un secondo aspetto dell'individualità è legato a quell'insieme di fenomeni e processi che si verificano a partire dalle prime fasi di sviluppo e che, in base alle informazioni genetiche individuali, risultano in una individualità comportamentale che affonda le sue radici in strutture neurobiologiche, ormonali, neurochimiche. Questo processo di interazione tra basi genetiche e fattori ambientali è alla base della cosiddetta plasticità cerebrale, un insieme di modificazioni strutturali e funzionali che plasmano il cervello, conferendogli una sua unicità e individualità» (p. 77). Come aggiunge nelle pagine successive, «è soprattutto Edelman a sostenere un "darwinismo neuronale" che implica che l'attività cerebrale sia altamente individuale e che non vi siano due cervelli che reagiscono in modo simile allo stesso tipo di stimoli» (p. 86).

[2] Il test è riportato da Walter Mischel e Philip K. Peake, *Predicting Adolescent Cognitive and Self-regulatory Competencies from Preschool Delay of Gratification*, «Developmental Psychology», 26, 6, 978-86, 1990.

[3] Secondo J. Laplanche e J.-B. Pontalis, autori dell'*Enciclopedia della psicoanalisi*, Bari, Laterza, 1968, la negazione è un «procedimento con cui il soggetto, pur formulando uno dei suoi desideri, pensieri, sentimenti fino allora rimossi, continua a difendersi da esso negando che gli appartenga».

[4] Daniel N. Stern, nel suo libro *Il mondo interpersonale del bambino*, Torino, Bollati Boringhieri, 1987 (1985), parla dell'importanza del senso agente di sé nello sviluppo del bambino, esperienza fondamentale perché lo aiuta a capire che può modificare con successo il suo ambiente. Questo può essere anche definito come senso di efficacia personale, fondamentale nella costruzione del proprio sé.

[5] Il tema della regolazione delle emozioni è diventato negli ultimi venti anni sempre più importante, come mette in luce la monografia americana *The development of emotion regulation* a cura di Nathan Fox, «Monographs of the Society for Research in Child Development», 240, 1994.

Si è verificato, spiega Fox, un notevole cambiamento di prospettiva nello studio delle emozioni. In passato si riteneva che esse provocassero una disorganizzazione e una interferenza nei processi analitici e cognitivi, una sorta di rumore nel sistema del pensiero che andava eliminato. In questa prospettiva la regolazione doveva ridurre le emozioni negative e lo stato di disagio connesso (*distress*).

Più recentemente lo studio delle emozioni e della regolazione emotiva si è mosso in una prospettiva che si potrebbe definire funzionalista. Le emozioni sono dei veri e propri comportamenti organizzanti che svolgono una specifica funzione rispetto alle varie richieste ambientali. Come tali servono ad organizzare i processi cognitivi, come si è visto nel test del *marshmallow*.

Pertanto le emozioni non devono essere soltanto regolate, ma sono esse stesse dei regolatori delle interazioni con l'ambiente. Naturalmente la funzione organizzante delle emozioni può aiutarci a capire quando particolari risposte siano adattative o disadattative, in contesti diversi. E questo vale non solo nel rapporto fra due persone, ma anche all'interno della famiglia.

Nelle relazioni sociali le emozioni giocano un ruolo importante e sono influenzate dagli scambi con gli altri. Il contesto è particolarmente importante, perché interviene nel definire le strategie delle risposte emotive che il bambino sviluppa, quando si deve confrontare con le varie sfide della crescita.

6 Il romanzo *Via col vento* di Margaret Mitchell, trad. it. Milano, Mondadori, 1938, è stato un grande successo letterario. Dal romanzo è stato tratto un film memorabile, con Vivien Leigh e Clark Gable, che ha fatto sognare generazioni e generazioni di spettatori.

7 *Ivi*, p. 9.

8 *Ivi*, p. 22.

9 *Ivi*, p. 30.

10 *Ivi*, p. 35.

11 *Ivi*, pp. 116-117.

12 *Ivi*, p. 133.

13 *Ivi*, p. 137.

14 *Ivi*, pp. 1038-1039.

15 Il concetto di base sicura è stato elaborato dallo psicoanalista inglese John Bowlby. In numerosi libri Bowlby ha delineato il bisogno del bambino di trovare nei genitori o nelle figure sostitutive una base sicura, ossia un luogo di protezione e di sicurezza necessario in ogni momento, ma particolarmente nei periodi di stress e di difficoltà. Ritrovando la propria base sicura il bambino si sente tranquillizzato e può riprendere l'esplorazione dell'ambiente e l'interazione anche con figure non familiari o estranee.

16 Su questo tema si è molto discusso anche in psicologia: qual è il peso dei fattori genetici nello sviluppo della personalità e qual è il peso dell'esperienza personale? In particolare si è aperto un grande dibattito sul concetto di temperamento, che si potrebbe definire in base alle «qualità psicologiche che comportano considerevoli differenze fra infanti e bambini piccoli e inoltre hanno una relativa, ma non indefinita, base fisiologica stabile che deriva dalla costituzione genetica individuale» (*The development of emotion regulation* a cura di Nathan Fox, cit.).

Le qualità del temperamento, studiate dai ricercatori ma note anche ai genitori, includono l'irritabilità, il buon umore, la facilità a essere consolati, l'attività motoria, la socievolezza, l'attenzione, l'adattabilità, l'apertura o l'evitamento delle novità, la facilità come anche l'intensità nella reazione alla stimolazione e infine la regolazione degli stati di eccitazione. Sicuramente si tratta di un gran numero di qualità che coprono quasi l'intero spettro della personalità.

Chi si è occupato molto di questo settore è il noto psicologo americano Jerome Kagan. Può essere interessante ricordare che, nelle sue varie ricerche, ha studiato come i bambini fra 1 e 2 anni rispondano quando si trovano in ambienti non abituali, in cui siano presenti adulti o bambini non conosciuti in precedenza e si verifichino eventi inattesi.

Sostanzialmente i bambini si comportano in due modi diversi. Un primo gruppo di bambini timidi si mostrano inibiti, silenziosi, vigili, controllati ed evitanti e si stringono o rimangono vicini alla madre, quasi valutassero la situazione e le proprie risorse prima di agire. Un secondo gruppo di bambini reagisce in modo disinibito, comportandosi spontaneamente come nelle altre situazioni della vita. Gli stessi bambini osservati nuovamente a 7 anni si mostrano, nel primo caso, ipercontrollati ed evitanti con i bambini che non conoscono, mentre quelli del secondo gruppo interagiscono e parlano di più.

Secondo Kagan le due categorie di bambini inibiti e disinibiti si riferirebbero a due classi che hanno una propria dotazione genetica e una storia ambientale che viene ad attualizzare il potenziale biologico del temperamento. Sempre secondo Kagan, i bambini timidi avrebbero una bassa soglia di attivazione della zona limbico-ipotalamica del cervello ai cambiamenti inattesi o a nuovi fatti ambientali (J. Kagan, J.S. Reznick, N. Snidman, *Biological bases of childhood shyness*, «Science», 167, 240, 1988).

II *O mangi questa minestra o salti dalla finestra*

[1] John B. Watson è stato molto attivo negli Stati Uniti dai primi anni del 1900 fino al 1958, data della sua morte. Personaggio di notevole rilievo, fu una figura centrale nella nascita del comportamentismo. Il suo libro *Behaviorism* ebbe un notevole successo e un'ampia risonanza anche nella stampa non specialistica. Nel comportamentismo era centrale il «controllo del comportamento»: non solo si potevano osservare e studiare i bambini, ma si potevano manipolare e controllare i loro comportamenti, partendo dall'ipotesi che determinati stimoli avrebbero prodotto effetti attesi e risposte previste. Scrive Watson che mentre in passato si credeva nella ereditarietà delle caratteristiche umane, vi sono ormai sufficienti prove a dimostrare che «l'individuo è forgiato durante la sua infanzia».

A proposito della trasmissione delle caratteristiche familiari Watson scrive: «Wesley Smith, sin dai primi anni di vita, si trovò in un ambiente saturo di problemi economici, politici e sociali. Era fortemente attaccato al padre, per cui la professione che scelse era la sola naturale e logica. Ha scelto quella strada per la stessa ragione per la quale vostro figlio ha scelto di diventare avvocato, dottore o politico. Se il padre è calzolaio o barista o spazzino, oppure fa qualsiasi altro lavoro che non ha nessun riconoscimento sociale, è probabile che il figlio non tenda a seguire le orme del padre con altrettanta facilità» (*Watson* a cura di P. Meazzini, Bologna, Il Mulino, 1976, p. 104).

Nella sua totale fiducia di poter addestrare ogni bambino secondo i propri desideri, Watson giunge ad affermare: «Datemi una dozzina di bambini sani e normali e consentitemi di organizzare a mio modo l'ambiente in cui educarli. Vi garantisco che potrei trasformare ognuno di loro in un qualsiasi tipo di specialista – dottore, avvocato, artista, commerciante, e, perché no?, anche mendicante e ladro, indipendentemente dal loro talento, dalle loro inclinazioni, dalle loro tendenze, abilità ed orientamenti e dalla razza dei genitori» (*Watson*, cit., pp. 111-12).

[2] Eric J. Hobsbawm, *Il secolo breve*, Milano, Rizzoli, 1994, p. 393.

[3] Come ha messo in luce lo psicoanalista inglese John Bowlby, il neonato

e poi il bambino hanno bisogno di protezione psicologica da parte degli adulti che si occupano di lui. Con queste figure, così importanti per la sua sicurezza, il bambino instaura un legame di attaccamento che diventa particolarmente significativo quando egli rischia di rimanere solo o si trova in difficoltà. In ogni caso i legami di attaccamento costituiscono il baricentro psicologico nella vita di ogni persona perché regolano il suo senso di sicurezza personale.

[4] Il principio di realtà è secondo Freud uno dei principi che regolano il funzionamento mentale. È l'altra faccia del principio del piacere, che ne viene profondamente modificato. Con l'affermarsi del principio di realtà la ricerca della soddisfazione non avviene più per le vie brevi, ma passa attraverso le vie indirette e in ogni caso tiene conto delle condizioni imposte dal mondo esterno (vedi *Enciclopedia della psicoanalisi* cit.).

[5] Come scrive Philippe Ariès nel suo libro *Padri e figli nell'Europa medievale e moderna*, Roma-Bari, Laterza, 1994, non esisteva il «sentimento dell'infanzia», che «non si identifica con l'affezione per l'infanzia: corrisponde alla coscienza delle particolari caratteristiche infantili, caratteristiche che essenzialmente distinguono il bambino dall'adulto, anche giovane» (p. 145).

[6] E. De Martino, *Sud e magia*, Milano, Feltrinelli, 1989[2].

[7] Secondo la psicoanalista di origine austriaca Melanie Klein, il lattante vive nei primi mesi di vita una duplice esperienza col seno materno, che nei momenti di soddisfazione e rassicurazione è percepito come un seno buono che nutre, mentre nei momenti di frustrazione e di deprivazione è percepito come un seno cattivo e minaccioso, addirittura pericoloso per la sopravvivenza del bambino. Cfr. «Alcune conclusioni teoriche sulla vita emotiva del bambino nella prima infanzia» in *Scritti 1921-1958*, Torino, Boringhieri, 1978, p. 462.

[8] Melanie Klein, di cui già si è parlato, ha messo in luce nello sviluppo del bambino e nel funzionamento umano angosce depressive e angosce persecutorie. Quelle depressive insorgono quando il bambino teme di aver danneggiato le figure che ama e se ne sente colpevole, per cui si deprime e ha paura di perdere queste figure. L'angoscia persecutoria ha più a che fare con la paura di essere aggredito e distrutto da figure minacciose e terribili, che attentano al proprio sé e alla propria sopravvivenza.

[9] Marcel Proust, *La strada di Swann*, trad. it. Torino, Einaudi, 1978.

[10] *Ivi*, pp. 15-16.

[11] *Ivi*, pp. 30-31.

[12] *Ivi*, pp. 37-38.

[13] John R. Searle, *Atti linguistici*, trad. it. Torino, Bollati Boringhieri, 1992.

[14] Guido Carandini, nel suo libro *Il disordine italiano. I postumi delle fedi ideologiche*, Roma-Bari, Laterza, 1995, fa un'interessante distinzione fra le due culture scaturite dall'Illuminismo. In primo luogo la cultura delle regole, all'origine della cultura laica, che si è sviluppata soprattutto nel mondo anglosassone e dall'altra la cultura dei valori, ossia di ideali ancora «religiosi». Questa distinzione per certi versi ripropone in altra chiave il discorso di Searle sulle regole, di cui quelle regolative assumono il carattere di valori trasmessi alle generazioni successive. Quelle costitutive, al con-

trario, corrispondono alla cultura delle regole che vengono definite in modo da garantire uno scambio ordinato che dia spazio a tutti i protagonisti in gioco.

15 È interessante che da qualche anno si sia iniziato lo studio psicologico delle interazioni e delle comunicazioni durante l'incontro familiare al momento dei pasti. Si segnala il nucleo monografico *Bambini e genitori in famiglia*, curato da C. Pontecorvo e A. Duranti e pubblicato su «Età Evolutiva», n. 55, ottobre 1996. Come è stato messo in luce, in questi momenti di incontro scaturiscono degli atti discorsivi collettivi, spesso piuttosto confusi e imprevedibili, meno ordinati rispetto alla danza di gruppo o alla musica di insieme, come è prospettato da Searle. In ogni caso sono dei momenti importanti per la vita della famiglia e per la trasmissione di regole e valori familiari.

16 È stato lo psicoanalista Heinz Kohut a parlare della psicologia dell'uomo colpevole (*guilty man*) nel libro *La guarigione del sé*, trad. it. Torino, Boringhieri, 1980.

17 E. Gianini Belotti, *Dalla parte delle bambine*, Milano, Feltrinelli, 1973.

18 Queste idee sono state espresse in modo approfondito nel libro americano curato dalle psicoanaliste dello Stone Center J.V. Jordan, A.G. Kaplan, J. Baker Miller, I.P. Stiver, J.L. Surrey, *Women's growth in connection*, New York, The Guilford Press, 1991.

19 «The Instructor and Guide for Little Masters or the School of Virtue and Good Manners» in *Forgotten Children's Books*, Andrew W. Tuer, London, The Leadenhall Press, 1898.

20 *A Present for a Little Girl*, London, Darton & Harvey, 1805.

21 Pietro Pancrazi, *L'elogio di Pinocchio*, che comparve nel 1921 sulla terza pagina del «Secolo» di Milano, poi fra l'altro in *Scrittori d'oggi*, Bari, Laterza, 1946.

22 *Le avventure di Pinocchio*, Torino, Einaudi, 1968, p. 70.

23 «Figli» di Marina D'Amelia in *La famiglia italiana dall'Ottocento a oggi* a cura di Piero Melograni, Bari, Laterza, 1988.

III *La malattia delle regole*

1 Come viene riportato nella *Enciclopedia della psicoanalisi*, cit., la fase sadico-anale è la «seconda fase dell'evoluzione libidica, secondo Freud, collocabile approssimativamente tra i due e i quattro anni; essa è caratterizzata da un'organizzazione della libido sotto il primato della zona erogena anale; la relazione oggettuale è impregnata di significati legati alla funzione della defecazione (espulsione, ritenzione) e al valore simbolico delle feci» (p. 199).

2 Come scrive Freud nei *Tre saggi sulla teoria sessuale*, trad. it. in *Opere*, vol. IV, Torino, Boringhieri, 1966-80): «Uno dei più evidenti segni premonitori di eccentricità o nervosismo in età più matura è che un lattante si rifiuti ostinatamente di vuotare l'intestino quando è messo sul vaso, dunque quando lo vuole la persona che ne ha cura, e riservi perciò al capriccio questa funzione. Naturalmente ciò che gli importa non è di sporcare il letto; si

preoccupa soltanto di non lasciarsi sfuggire il piacere che accompagna la defecazione».

[3] S. Freud, «Carattere ed erotismo anale» in *Opere*, cit., vol. V.

[4] Alberto Moravia, *Il conformista*, Milano, Bompiani, 1994, pp. 67-68.

[5] Sigmund Freud, *L'interpretazione dei sogni*, trad. it. in *Opere*, vol. III, Torino, Boringhieri, 1966.

[6] *Ivi.*, p. 233.

[7] *Ibid.*

[8] S. Lebovici, *I sentimenti di colpa nel bambino e nell'adulto*, trad. it. Milano, Feltrinelli, 1973.

[9] Cfr. *La guarigione del Sé*, cit.

[10] Ricordiamo a questo proposito i libri di Musil e di Schnitzler che illustrano il clima della Vienna dei primi decenni del secolo e i turbamenti personali, da Freud studiati sul piano clinico.

[11] Sigmund Freud, *Il disagio della civiltà* (1929), trad. it. in *Opere*, vol. X, Torino, Boringhieri, 1978.

[12] *Ivi*, p. 610.

[13] Nel *Disagio della civiltà* Freud fa a questo proposito un'affermazione illuminante: «Lo studio delle nevrosi, al quale dobbiamo le più preziose indicazioni per capire le condizioni normali, dà risultati contraddittori. In una di queste affezioni, la nevrosi ossessiva, il senso di colpa compenetra di sé esageratamente la coscienza, domina il quadro clinico e la vita del paziente, quasi non vi lascia apparire null'altro. Ma nella maggior parte degli altri casi e forme di nevrosi esso rimane completamente inconscio, senza per questo manifestare effetti più lievi» (pp. 620-21).

[14] Sigmund Freud, *Frammento di un'analisi d'isteria (Caso clinico di Dora)* (1901), trad. it. in *Opere*, vol. 4, Torino, Boringhieri, 1970.

[15] Hannah S. Decker, *Freud, Dora and Vienna 1900*, New York, The Free Press, 1991.

IV *Balliamo insieme*

[1] Scrive Freud: «Un bell'esempio di sistema psichico isolato dagli stimoli del mondo esterno, che può soddisfare da sé autisticamente ... i suoi bisogni di alimentazione, è dato dall'uccellino rinchiuso nel guscio dell'uovo con la sua provvista di alimento, e per il quale la cura materna si limita alla produzione di calore». *Precisazioni sui due principi dell'accadere psichico*, trad. it. in *Opere*, vol. VI, Torino, Boringhieri, 1974, p. 455.

[2] Questa critica viene argomentata in J.R. Greenberg, S.A. Mitchell, *Le relazioni oggettuali nella teoria psicoanalitica*, trad. it. Bologna, Il Mulino, 1986.

[3] M.S. Mahler, F. Pine, A. Bergman, *La nascita psicologica del bambino*, trad. it. Torino, Boringhieri, 1978.

[4] D.N. Stern, «L'amore infantile e l'amore di transfert: relazioni ed implicazioni» in *Psicoanalisi dell'amore*, trad. it. a cura di D.N. Stern e M. Ammaniti, Roma-Bari, Laterza, 1993, p. 104.

[5] D. Pines, *Adolescent pregnancy and motherhood: psychoanalytic perspective*,. «Psychoanalytic Inquiry», 8, 1988, pp. 234-51.

[6] In *Maternità e gravidanza* di M. Ammaniti, C. Candelori, M. Pola, R.

Tambelli, Milano, Raffaello Cortina, 1995, vengono studiate le profonde trasformazioni mentali che hanno luogo nella madre durante la gravidanza e che riguardano fondamentalmente il suo modo di rappresentare se stessa e il futuro bambino.

[7] D.W. Winnicott, *Dalla pediatria alla psicoanalisi*, trad it. Firenze, Martinelli, 1975.

[8] Daniel N. Stern, *La costellazione materna*, trad. it. Torino, Bollati Boringhieri, 1995.

[9] J. Raphael-Leff, *Facilitators and Regulators: two approaches to mothering*, «British Journal of Medical Psychology», 379-390, 56, 1983.

[10] Daniel N. Stern, *Le prime relazioni sociali: il bambino e la madre*, trad. it. Roma, Sovera Multimedia, 1989 e *Il mondo interpersonale del bambino*, trad. it. Torino, Bollati Boringhieri, 1987.

[11] La ricerca è riportata da E. Tronick, J.F. Cohn, *Infant-mother face-to-face interaction: age and gender differences in coordination and the occurrance of miscoordination*, «Child Development», 60, 85-92, 1989. Un interessante articolo di E. Tronick, *Emotions and Emotional Communication in Infants*, è stato pubblicato su «American Psychologist», 112-119, febbraio 1989.

[12] Si tratta di due esempi particolarmente illuminanti riportati nell'articolo cit. di Tronick, 1989.

[13] Ne ha parlato lo psicoanalista e ricercatore americano Daniel N. Stern che attualmente lavora presso l'Università di Ginevra. I suoi contributi nel campo dell'infanzia sono stati decisivi al cambiamento dei paradigmi scientifici in questo campo.

[14] Cfr. John R. Searle, *Atti linguistici*, cit.

V *Come i bambini imparano a regolarsi*

[1] Gianino e Tronick parlano di questi comportamenti regolativi dei bambini diretti agli altri che servono fondamentalmente a regolare quello che fa la persona che si occupa di lui. A. Gianino, E.Z. Tronick, «The mutual regulation model: The infant's self and interactive regulation coping and defense», in T. Field, P. McCabe, N. Schneiderman, a cura di, *Stress and coping*, New York, Hillsdale, 1988.

[2] L. Sander, H. Julia, G. Stechler, P. Burns, *Continuous 24-hours interactional monitoring of infants reared in two caretaking environments*, «Psychosomatic Medicine», 34, 270-282, 1972.

[3] In un interessante articolo di Selma Fraiberg, *Pathological defenses in infancy*, «Psychoanalytic Quarterly», 51, 612-635, 1982, vengono discussi i comportamenti di difesa precoci nei lattanti.

[4] M. Katherine Weinberg ha presentato la sua ricerca su «Infant gender differences in social-emotional development in the first year of life» nell'ambito di un Seminario tenuto a Napoli nel 1995 presso l'Istituto Italiano per gli Studi Filosofici.

[5] E. Brauch Lehman, S. Denham et al., *Soft objects and pacifier attachment in young children: the role of security for attachment to the mother*, «Journal of Child Psychology and Psychiatry», 33, 1205-15, 1992.

VI *L'attaccamento ai genitori*

[1] Harry Harlow, *The nature of love*, «The American Psychologist», 3, 673-685, 1958.

[2] Una buona introduzione alla teoria dell'attaccamento e ai suoi recenti sviluppi è il libro di Robert Karen *Becoming attached*, New York, Warner Books, 1994.

[3] M.D.S. Ainsworth, M.C. Blehar, E. Waters, S. Wall, *Patterns of Attachment: a psychological study of the strange situation*, Hillsdale, New York, Erlbaum, 1978.

[4] Le ricerche fatte fra i bambini di 1 anno ci fanno vedere che mediamente il 50-60% di loro hanno un attaccamento sicuro, il 20-30% circa sono bambini con un attaccamento evitante e il 10-15% sono bambini ambivalenti. Questa distribuzione è quella più comune nei paesi occidentali, anche se ci sono differenze anche a seconda dei diversi stili di allevamento. Ad esempio, nella Germania del Nord una ricerca di Grossman ha messo in luce una percentuale più elevata di bambini evitanti; ed è costume in quella regione allevare i bambini tenendoli molto nella culla e prenderli in braccio solo al momento dell'allattamento. Nei bambini cresciuti nei kibbutz israeliani e in Giappone si è riscontrata una percentuale particolarmente elevata di bambini ambivalenti. I motivi possono essere diversi, nel caso dei bambini dei kibbutz probabilmente perché sono affidati in modo continuativo a adulti diversi che non sono i genitori, i quali vengono visti solo durante il finesettimana. Per quanto riguarda i bambini giapponesi, sono abituati a stare nei primi anni sempre insieme alla madre e pertanto possono reagire al distacco da lei, che viene richiesto per la valutazione dell'attaccamento, con particolare ansia.

Nel campione dei bambini italiani si è visto che all'età di un anno il 50% dei bambini hanno un attaccamento sicuro, il 47% un attaccamento evitante e infine il 2,08% un attaccamento ambivalente. Cfr. M. Ammaniti et al., *Influenze culturali e dinamiche relazionali nell'attaccamento infantile*, «Età Evolutiva», 99-109, 1994. La distribuzione italiana si discosta dai dati degli altri campioni occidentali, in quanto la percentuale dei bambini evitanti è più alta degli altri campioni. Una possibile spiegazione potrebbe essere riferibile al campione che è fatto di donne di classe media, tutte lavoratrici che proprio per questo motivo potevano stimolare una precoce autonomia del figlio.

[5] Katherine Nelson, a cura di: *Narratives from the crib*, Cambridge, Mass., Harvard University Press, 1989.

[6] Si segnala il libro curato da Luigia Camaioni *La teoria della mente. Origini, sviluppi e patologia*, Roma-Bari, Laterza, 1995, che dà un quadro abbastanza esauriente di quest'area di ricerca.

[7] Questo periodo particolare è stato definito dalla psicoanalista americana Margaret S. Mahler «riavvicinamento», intendendo con questo la spinta all'autonomia del bambino che tuttavia deve fare i conti col fatto che è ancora molto dipendente dalla madre e dalle sue rassicurazioni.

[8] K. Nelson, F.F. Walkenfeld, R. Goldstein, *Children's memory for personal*

experience: individual and cultural variations in development, «Zero to three», 17, 17-25, 1996.

[9] M. Tessler, K. Nelson, *Making memories: the influence of joint encoding on later recall*, «Consciousness and Cognition», 3, 307-326, 1994.

VII *Io ballo da sola*

[1] Per chi volesse trovare un testo divulgativo che illustra i vari momenti dell'adolescenza consiglio il libro che ho scritto con mio figlio Niccolò: Massimo e Niccolò Ammaniti, *Nel nome del figlio. L'adolescenza raccontata da un padre e da un figlio*, Milano, Mondadori, 1995.

[2] Come hanno scritto due autorevoli psicoanalisti, Moses ed Eglé Laufer, è decisivo per ogni adolescente accogliere nell'immagine di sé le trasformazioni corporee e sessuali. Si segnala il loro libro *Adolescenza e breakdown evolutivo*, trad. it. Torino, Boringhieri, 1986.

[3] Peter Blos, *L'adolescenza: un'interpretazione psicoanalitica*, trad. it. Milano, Angeli, 1977.

[4] L. Steinberg, S.N. Lamborn, N. Darling, N.S. Mounts, S.M. Dornbusch, *Over-time changes in adjustment and competence among adolescents from authoritative, authoritarian, indulgent, and neglectful families*, «Child Development», 65, 754-770, 1994.

[5] C.L. Cobb, *Attaccamento adolescente-genitore e stili familiari di problem-solving*, «Adolescenza», 7, 43-58, 1996.

VIII *Le malattie del sé*

[1] D.N. Stern, *A micro-analysis of mother-infant interaction: behaviour regulating social contact between a mother and her three-and-a-half-month-old twins*, «Journal of the American Academy of Child Psychiatry», 10, 501-17, 1971.

[2] William Sears, *Bambini «capricciosi»*, trad. it. Como, Red Edizioni, 1996.

[3] S. Fraiberg, «Ghosts in the Nursery: a psychoanalytic approach to the problems of impaired infant-mother relationships» in *Clinical Studies in Infant Mental Health*, New York, Basic Books, 1980.

[4] Secondo Kohut, nel corso della vita esistono degli oggetti-sé, tipicamente rappresentati da persone che hanno un particolare ruolo rassicurante e di rispecchiamento, che servono allo sviluppo del sé. Ma nel nostro caso la funzione rassicurante è affidata al possesso degli oggetti materiali che possono dare solo un illusorio senso di sicurezza.

[5] Nel caso dell'anoressia, oltre alla riduzione del peso superiore al 15% del peso normale attraverso forme diverse di restrizione o di eliminazione del cibo, si verifica l'amenorrea, ossia la scomparsa del ciclo mestruale, accompagnata da un disturbo della percezione del proprio corpo, sentito sempre come eccessivamente grasso. Per quanto riguarda la bulimia si verificano vere e proprie abbuffate di cibo, che si ripetono più volte alla settimana e che non si riesce a controllare.

[6] H. Horowitz et al., «Comorbid adolescent substance abuse: a maladaptive pattern of self-regulation», *Adolescent Psychiatry*, University of Chicago, 1992.

[7] E.J. Khantzian, *The self-medication hypothesis of addictive disorders: focus on heroin and cocaine dependence*, «Am. Journ. of Psychiatry» 142, 1259, 1985.
[8] K.R. Popper, *La società aperta e i suoi nemici*, trad. it. Roma, Armando Editore, 1986.

«Crescere con i figli»
di Massimo Ammaniti
Collezione Saggi

Arnoldo Mondadori Editore S.p.A.

Questo volume è stato impresso
nel mese di settembre dell'anno 1997
presso lo stabilimento Nuova Stampa di Mondadori - Cles (TN)

Stampato in Italia - Printed in Italy